Georges Perec · Tisch-Ordnungen

GEORGES PEREC

Tisch-Ordnungen

Essays von 1973 bis 1982

Übersetzt von EUGEN HELMLÉ
Durchgesehen von ESTHER VON DER OSTEN
Mit einem Essay von SABINE MAINBERGER
Herausgegeben von SEBASTIAN HACKENSCHMIDT
und KLAUS ENGELHORN

RITTER LITERATUR

ISBN 978-3-85415-502-7

Lektorat: Paul Pechmann
Umschlagbild: La Poste 2002, Pierre Albuisson, Marc Taraskoff
Herstellung: Ritter, Klagenfurt

Inhalt

Anmerkungen über das, was ich suche

Wenn ich den Versuch unternehme, das zu definieren, was ich seit meinen Schreibanfängen zu tun bestrebt war, so kommt mir als erstes der Gedanke in den Sinn, dass ich nie zwei gleichartige Bücher geschrieben habe, dass ich nie das Verlangen gehabt habe, die in einem früheren Buch erarbeiteten Methoden, Systeme oder Schreibweisen zu wiederholen.

Diese systematische Unbeständigkeit hat gewisse Kritiker, die Wert darauf legen, von einem Buch zum anderen die „Schreibe" des Schriftstellers wiederzufinden, mehrmals verunsichert; und sicherlich hat sie auch einige meiner Leser verschreckt. Sie hat mir den Ruf eingebracht, eine Art Computer, eine Texthervorbringungsmaschine zu sein. Ich selbst würde mich eher mit einem Bauern vergleichen, der mehrere Felder bestellt; auf dem einen pflanzt er rote Rüben an, auf einem anderen Klee, auf einem dritten Mais. Auf die gleiche Weise gehören die Bücher, die ich geschrieben habe, zu vier verschiedenen Feldern, zu vier verschiedenen Formen der Fragestellung, wobei möglicherweise zwar immer die gleiche Frage gestellt wird, doch jeweils unter einem besonderen Gesichtspunkt, der für mich jedes Mal einer anderen Grundform der literarischen Arbeit entspricht.

Die erste Form dieser Fragestellung kann man die „soziologische" nennen: mit welchen Augen sieht man den Alltag; sie ist der Ausgangspunkt von Texten wie *Die Dinge*, *Träume von Räumen*, *Versuch der Beschreibung einiger Pariser Orte* sowie der Arbeit mit dem Team der Zeitschrift *Cause commune* um Jean Duvignaud und Paul Virilio; die zweite ist autobiographischer Art: *W oder die Kindheitserinnerung*, *Bottega oscura*, *Ich erinnere mich*, *Orte, an denen ich geschlafen habe*, usw.;

die dritte, die spielerische, verweist auf meine Vorliebe für Stilzwänge, Kühnheiten, „Fingerübungen“, auf alle Arbeiten, die im Zusammenhang mit Oulipo (d. i. Werkstatt für potentielle Literatur) stehen, das mir die Ideen und die Möglichkeiten ihrer Umsetzung dazu geliefert hat: Palindrome, Lipogramme, Panagramme, Anagramme, Isogramme, Akrosticha, Kreuzworträtsel; die vierte schließlich betrifft das Romanhafte, die Vorliebe für Geschichten und Peripetien, die Lust, Bücher zu schreiben, die man, flach auf dem Bauch liegend, im Bett verschlingt; *Das Leben Gebrauchsanweisung* ist ein typisches Beispiel hierfür.

Diese Einteilung ist ein wenig willkürlich und könnte sehr viel nuancierter sein: fast keines meiner Bücher entgeht völlig einer autobiographischen Markierung (zum Beispiel dadurch, dass ich in ein Kapitel, an dem ich gerade arbeite, eine Anspielung auf ein im Verlaufe des Tages eingetretenes Ereignis einbaue); es gibt auch keines, in dem ich nicht auf diesen oder jenen Stilzwang oder diese oder jene oulipoistische Struktur zurückgreife, und sei es auch nur symbolisch und ohne dass mich diese Struktur, dieser Stilzwang zu irgend etwas zwingt.

In Wahrheit, so scheint mir, dürfte es wohl, einmal abgesehen von diesen vier Polen, die vier Horizonte meiner Arbeit bestimmen – die Welt, die mich umgibt, meine eigene Geschichte, die Sprache, die Fiktion –, mein Ehrgeiz als Schriftsteller sein, die gesamte Literatur meiner Zeit zu durchstreifen, ohne je das Gefühl zu haben, umzukehren oder wieder meinen eigenen Fußspuren zu folgen, und dabei alles das zu schreiben, was für einen heutigen Menschen zu schreiben möglich ist: dicke Bücher und dünne Bücher, Romane und Gedichte, Dramen und Opernlibrettos, Krimis, Abenteuerromane, Science-Fiction-Romane, Fortsetzungsromane, Kinderbücher ...

Ich habe noch nie gern abstrakt, theoretisch, über meine Arbeit gesprochen; selbst wenn das, was ich hervorbringe, aus einem seit langem schon ausgearbeiteten Programm, einem schon lange bestehenden Projekt zu kommen scheint, glaube ich eher, meine Bewegung im Gehen zu finden – und zu fassen; aus der Aufeinanderfolge meiner Bücher entsteht für mich das manchmal tröstliche, manchmal unangenehme Gefühl (weil es immer im Zusammenhang mit einem „kommenden Buch", mit etwas Unvollendetem steht, das auf das Unsagbare verweist, nach dem der Wunsch zu schreiben verzweifelt strebt), dass sie einen Weg durchlaufen, einen Raum abstecken, tastend eine Strecke markieren, Punkt für Punkt die Etappen eines Suchens beschreiben, über dessen „Warum" ich nichts zu sagen wüsste, lediglich über sein „Wie"; undeutlich spüre ich, dass die Bücher, die ich geschrieben habe, sich in ein alles umfassendes Bild einschreiben, das ich mir von der Literatur mache, und aus diesem ihren Sinn beziehen, doch ich habe das Gefühl, dass ich dieses Bild wohl nie genau zu greifen vermag, dass es für mich ein Jenseits des Schreibens ist, ein „Warum ich schreibe", auf das ich nur schreibend antworten kann, wobei ich unaufhörlich den Augenblick hinausschiebe, in dem dieses Bild, weil ich aufhöre zu schreiben, sichtbar werden würde, ähnlich wie ein Puzzle, das ein für alle Mal abgeschlossen ist.

Annäherungen an was?

Was uns anspricht, ist, wie mir scheint, immer das Ereignis, das Ungewöhnliche, das Außergewöhnliche: fünf Spalten auf der Titelseite, Schlagzeilen. Die Züge beginnen erst dann zu existieren, wenn sie entgleisen, und je mehr Fahrgäste dabei den Tod finden, umso mehr existieren die Züge; die Flugzeuge finden erst dann zur Existenz, wenn sie entführt werden; die einzige Bestimmung der Autos ist die, gegen Platanen zu prallen: zweiundfünfzig Wochenenden jährlich, zweiundfünfzig Bestandsaufnahmen: soviel Tote, und wenn die Zahlen unaufhörlich steigen, umso besser für die Nachrichten! Hinter dem Ereignis muss es einen Skandal geben, einen Riss, eine Gefahr, so, als solle das Leben sich nur durch das Spektakuläre hindurch offenbaren, als sei das Sprechende, das Bedeutsame immer unnormal: Naturkatastrophen oder geschichtliche Erschütterungen, gesellschaftliche Konflikte, politische Skandale...

Lassen wir in unserer überstürzten Hast, das Geschichtliche, das Bedeutsame, das Aufschlussreiche zu messen, das Wesentliche nicht außer acht: das wirklich Unerträgliche, das wirklich Unzulässige: der Skandal, das sind nicht die schlagenden Wetter, sondern das ist die Arbeit in den Gruben. Das „soziale Unbehagen", es ist nicht in Streikzeiten „besorgniserregend", sondern vierundzwanzig Stunden am Tag, dreihundertfünfundsechzig Tage im Jahr.

Flutwellen, Vulkanausbrüche, einstürzende Wohntürme, Waldbrände, zusammenbrechende Tunnel, Publicis[1], das

1 Ein Pariser Drugstore, in dem vor Jahren ein Attentat stattfand.

brennt, und Aranda[2], der spricht! Entsetzlich! Furchtbar! Ungeheuerlich! Skandalös! Aber wo liegt der Skandal? Der wirkliche Skandal? Haben uns die Zeitungen etwas anderes gesagt als: seid unbesorgt, ihr seht doch, dass das Leben existiert, mit seinen Höhen und Tiefen, ihr seht doch, dass etwas geschieht.

Die Zeitungen schreiben über alles, außer über das Tagtägliche. Die Zeitungen langweilen mich, ich erfahre durch sie nichts; was sie erzählen, betrifft mich nicht, stellt mir keine Fragen und antwortet ebenso wenig auf die Fragen, die ich stelle oder stellen möchte.

Wo ist das, was wirklich geschieht, das, was wir erleben, das Übrige, alles Übrige? Das, was jeden Tag geschieht und jeden Tag wiederkehrt, das Banale, das Alltägliche, das Selbstverständliche, das Allgemeine, das Gewöhnliche, das Infra-Gewöhnliche, das Hintergrundgeräusch, das Gewohnte, wie soll man davon Rechenschaft ablegen, wie soll man es befragen, wie es beschreiben?

Das Gewohnte befragen. Aber das ist es ja, wir sind daran gewöhnt. Wir befragen es nicht, es befragt uns nicht, es scheint kein Problem zu machen, wir erleben es, ohne daran zu denken, als transportierte es weder Frage noch Antwort, als sei es nicht Träger irgendeiner Information. Das ist nicht einmal mehr Akklimatisierung, das ist Anästhesie. Wir verschlafen unser Leben in einem traumlosen Schlaf. Aber wo ist es denn, unser Leben? Wo ist unser Körper? Wo ist unser Raum?

Wie soll man von diesen „allgemeinen Dingen“ sprechen oder besser, wie soll man ihnen hinterherjagen, wie soll man sie aufscheuchen, sie aus der Verpackung reißen, an der sie festkleben, wie soll man ihnen einen Sinn, eine Sprache geben:

---

2 Französischer Politiker.

damit sie endlich von dem reden, was ist, von dem, was wir sind.

Vielleicht geht es darum, endlich unsere eigene Anthropologie zu begründen: jene, die von uns sprechen wird, die in uns das suchen wird, was wir bei den andern so lange ausgeplündert haben. Nicht mehr das Exotische, sondern das Endotische.

Das befragen, was sich so sehr von selbst zu verstehen scheint, dass wir seinen Ursprung vergessen haben. Etwas von der Verwunderung wiederfinden, die Jules Verne oder seine Leser angesichts eines Apparates empfunden haben mögen, der in der Lage war, Töne wiederzugeben und zu befördern. Denn diese Verwunderung hat es gegeben, und dazu tausend andere, und sie waren es, die uns geformt haben.

Das, was wirklich befragt werden muss, ist der Ziegelstein, der Beton, das Glas, unsere Tischmanieren, unsere Gerätschaften, unsere Werkzeuge, unsere Zeiteinteilung, unsere Rhythmen. Das befragen, was für alle Zeit aufgehört zu haben scheint, uns in Verwunderung zu versetzen. Wir leben, gewiss, wir atmen, gewiss; wir gehen, wir machen Türen auf, wir laufen Treppen hinunter, wir setzen uns an einen Tisch, um zu essen, wir legen uns in ein Bett, um zu schlafen. Wie? Wo? Wann? Warum?

Beschreiben Sie Ihre Straße. Beschreiben Sie eine andere Straße. Vergleichen Sie.

Machen Sie eine Bestandsaufnahme Ihrer Taschen, Ihres Reisebeutels. Befragen Sie sich über die Herkunft, den Gebrauch und das Werden eines jeden einzelnen Gegenstands, den Sie aus ihnen hervorholen.

Stellen Sie Ihrem Kaffeelöffel Fragen.

Was ist hinter Ihrer Tapete?

Wie viele Bewegungen sind notwendig, um eine Telefonnummer zu wählen? Warum?

Warum gibt es keine Zigaretten beim Gemüsehändler? Warum nicht?

Es liegt mir wenig daran, dass diese Fragen hier unvollständig und lückenhaft sind, kaum Hinweise auf eine Methode, bestenfalls auf ein Projekt sind. Es liegt mir viel daran, dass sie trivial und belanglos erscheinen mögen: es ist nämlich genau das, was sie ebenso wesentlich, wenn nicht gar wesentlicher macht als so viele andere, mit denen wir vergebens versucht haben, unsere Wahrheit zu erfassen.

Lesen: sozio-physiologischer Abriss

Die folgenden Seiten vermögen nichts anderes zu sein als Anmerkungen: eine mehr intuitive als organisierte Ansammlung verstreuter Fakten, die nur ausnahmsweise auf begründetes Wissen verweisen; sie dürften eher zu jenen ungleich verteilten Bereichen, jenem Brachland der beschreibenden Ethnologie gehören, an die Marcel Mauss in seiner Einführung in die „Techniken des Körpers“ erinnert (vgl. *Sociologie et Anthropologie*, Paris, P.U.F., 1950, S. 365ff) und die, unter der Rubrik „Verschiedenes“ eingeordnet, Dringlichkeitszonen bilden, von denen man lediglich weiß, dass man so gut wie nichts über sie weiß, von denen man jedoch ahnt, dass sich hier viel finden ließe, wenn man sich darauf besänne, ihnen ein wenig Beachtung zu schenken: banale, mit Stillschweigen übergangene, nicht angenommene, sich von selbst verstehende Fakten: dabei beschreiben sie uns selber, auch wenn wir glauben, uns ihre Beschreibung ersparen zu können; sie verweisen viel genauer als die meisten Institutionen und Ideologien, die in der Regel die Nahrung der Soziologen sind, auf die Geschichte unseres Körpers, auf die Kultur, die unsere Gesten und unsere Haltungen geformt hat, auf die Erziehung, die unsere motorischen Akte mindestens ebenso geprägt hat wie unsere mentalen. So verhält es sich auch, stellt Mauss klar, mit dem Gang und dem Tanz, mit dem Laufsport und dem Springsport, den verschiedenen Erholungsarten, den Techniken des Tragens und Werfens, den Tischmanieren und den Bettmanieren, den äußeren Formen des Respekts, der Körperhygiene usw. Und so verhält es sich auch mit dem Lesen.

Lesen ist ein Akt. Ich möchte von diesem Akt sprechen und nur von diesem Akt, von dem, was ihn ausmacht, von dem, was ihn umgibt, jedoch nicht von dem, was er hervorbringt (die Lektüre, den gelesenen Text), noch von dem, was ihm vorausgeht (das Schreiben und seine Auswahlverfahren, das Verlegen und seine Auswahlverfahren, das Drucken und seine Auswahlverfahren, die Verbreitung und ihre Auswahlverfahren), im Grunde so etwas wie eine Ökonomie der Lektüre unter ihren ergologischen (Physiologie, Muskelarbeit) und sozio-ökologischen (raum-zeitliche Umgebung) Aspekten.

Eine ganze moderne Kritikerschule hat bereits seit mehreren Jahrzehnten den Akzent gerade auf das Wie des Schreibens, des Machens, der Poetik gelegt. Nicht etwa die geheiligte Mäeutik, die bei den Haaren ergriffene Inspiration, sondern das Schwarz auf Weiß, die Textur des Textes, die Einschreibung, die Spur, die mit beiden Füßen auf der Erde stehende Buchstäblichkeit, die Kleinarbeit, die Raumorganisation des Schreibens, seine Materialien (die Feder oder der Pinsel, die Schreibmaschine), seine Stützen und Träger (Valmont an die Präsidentin von Tourvel: „Selbst der Tisch, an dem ich Ihnen schreibe, und der zum ersten Mal dieser Nutzung gewidmet ist, wird für mich zum heiligen Altar der Liebe ...“), seine Regeln (Interpunktion, Einschübe, Tiraden usw.), sein Drumherum (der schreibende Schriftsteller, seine Orte, seine Rhythmen; jene, die im Café schreiben, jene, die nachts arbeiten, jene, die im Morgengrauen arbeiten, jene, die sonntags arbeiten).

Eine ähnliche Arbeit, scheint mir, müsste auch über den efferenten Aspekt dieser Hervorbringung gemacht werden: die Annahme des Textes durch den Leser. Was in Betracht gezogen werden muss, ist nicht die erfasste Botschaft, sondern das Erfassen der Botschaft auf ihrem elementaren Niveau, das, was beim Lesen geschieht: die Augen, die sich auf den Zeilen niederlassen, und die Strecke, die sie nun zurücklegen, sowie alles, was mit dieser Strecke verbunden ist: die Lektüre, auf das zurückgebracht, was sie zunächst einmal ist: eine eindeutige Tätigkeit des Körpers, der Einsatz bestimmter Muskeln, verschiedene Haltungen, die organisiert werden müssen, nacheinander zu treffende Entscheidungen, zeitliche Auswahlkriterien, eine Gesamtheit von Strategien, die eingebunden sind in das Kontinuum des gesellschaftlichen Lebens und dafür sorgen, dass man nicht irgendwie, irgendwann und irgendwo liest, selbst wenn man irgend etwas liest.

I. Der Körper

Die Augen

Man liest mit den Augen.[3] Was die Augen während des Lesens tun, ist von einer solchen Komplexität, dass sie sowohl die Kompetenz als auch den Rahmen dieses Artikels überschreitet. Aus der überreich vorhandenen Literatur, die dieser Frage seit

---

3 Ausgenommen die Blinden, die mit den Fingern lesen. Ausgenommen auch jene, denen man vorliest: in den russischen Romanen die Herzoginnen mit ihren Gesellschaftsdamen, den französischen Fräuleins aus guter Familie, die durch die Revolution zugrunde gerichtet worden sind: oder in den Romanen Erckmann-Chatrians die Bauern, die nicht lesen können und am Abend um einen von ihnen beisammensitzen (großer Holztisch, Tonschüssel, Tonkrüge, Katzen am Kamin, Hunde bei der Tür), der den Brief des im Krieg verwundeten Sohnes, aus der Zeitung, der Bibel oder dem Almanach vorliest; oder auch die Großeltern von Maurice, denen Daudet einen Besuch abstattet, während ein kleines Waisenmädchen das Leben des heiligen Irenäus mühsam buchstabiert: *„So-gleich-stürz-ten-sich-zwei-Lö-wen-auf-ihn-und-fra-ßen-ihn ...“*

dem Anfang des Jahrhunderts gewidmet worden ist (Yarbus, Stark etc.), lässt sich zumindest diese zwar elementare, aber fundamentale Gewissheit ableiten: Die Augen lesen weder die Buchstaben hintereinander noch die Wörter hintereinander noch die Zeilen hintereinander, sondern sie erfassen den Text ruckartig und dann wieder anhaltend, wobei sie im gleichen Augenblick die Gesamtheit des Lesefelds mit eigensinniger Redundanz erforschen: durch unaufhörliches Überfliegen, unterbrochen durch unmerkliche Haltepunkte, als ob das Auge, um zu entdecken, was es sucht, mit einer heftigen Bewegung die Seite abtasten müsste, nicht regelmäßig, in der Art eines Fernsehgeräts (wie der Begriff abtasten nahelegen könnte), sondern auf eine zufällige, unkontrollierte, repetitive Weise, oder, falls man dieses Bild vorzieht, da wir schon mitten in der Metaphorik sind, wie eine Taube, die auf der Suche nach Brotkrumen auf dem Boden herumpickt. Dieses Bild ist natürlich ein wenig verdächtig, aber es scheint mir dennoch charakteristisch zu sein, und ich zögere nicht, daraus etwas abzuleiten, das der Ausgangspunkt einer Texttheorie sein könnte: lesen, das heißt zunächst einmal, einem Text signifikante Elemente entnehmen, Bedeutungskrumen, so etwas wie die Schlüsselwörter, die man ausfindig macht, die man vergleicht, die man wiederfindet. Indem man sich davon überzeugt, dass sie da sind, weiß man auch, dass man im Text ist, identifiziert ihn, beglaubigt ihn; diese Schlüsselwörter können Wörter sein (in den Kriminalromanen zum Beispiel; mehr noch in den erotischen Produktionen oder solchen, die es sein wollen), es können aber auch Klänge sein (Reime), Arten und Weisen, wie die Seiten angeordnet sind, Satzwendungen, typographische Eigenheiten (zum Beispiel der Sperrdruck gewisser *Wörter* in *allzu* vielen zeitgenössischen literarischen, kritischen oder kritisch-literarischen Texten), ja, sogar ganze erzählerische Sequenzen (vgl. Jacques Duchateau, „Lecture marginale de

Peter Cheney“, in *La Littérature potentielle*, Paris, Gallimard, „Idées“, 1973).

Es handelt sich gewissermaßen um das, was die Informationstheoretiker eine Zeichenerkennung nennen: die Suche nach bestimmten zutreffenden Merkmalen, die es erlauben, von dieser Aufeinanderfolge von Buchstaben, Zwischenräumen und Satzzeichen, die ein Text zunächst einmal ist, zu dem überzugehen, was seinen Sinn ausmacht, sobald man erst einmal, auf den verschiedenen Etagen der Lektüre, einen syntaktischen Zusammenhang, eine erzählerische Organisation und das, was man einen „Stil“ nennt, ausfindig gemacht hat.

Ausgenommen einige klassische und elementare, das heißt lexikalische Beispiele (lesen heißt sofort wissen, dass das Wort „Muff“ entweder einen dumpfen, modrigen Geruch oder aber eine längliche Hülle aus Pelz bezeichnen kann; oder dass der Fadenschein weder mit einem Faden zum Nähen noch mit einem Geldschein zu tun hat), weiß ich nicht, durch welche Experimente man diese Erkennungsarbeit eingehend untersuchen könnte; ich für meinen Teil habe hierüber nur eine negative Bestätigung: das starke Gefühl der Frustration, das ich lange bei der Lektüre russischer Romane hatte (... der Witwer Anna Michailowna Drubetskois, Boris Timofeitsch Ismailow, der um die Hand Katherina Lwowna Borissitschs anhält, die ihm Iwan Michailow Wassiliew vorzieht ...) oder als ich mit fünfzehn Jahren die als gewagt eingeschätzten Abschnitte aus den *Indiskreten Juwelen* entziffern wollte („*Saepe turgentem spumantemque admovit ori priapum, simulque appressis ad labia labiis, fellatrice me lingua perfricuit ...*“).

Eine gewisse Kunst des Textes könnte auf dem Spiel zwischen dem Vorhersehbaren und dem Unvorhersehbaren begründet sein, zwischen der Erwartung und der Enttäuschung, dem heimlichen Einverständnis und der Überraschung: das

Vorhandensein ausgesprochen preziöser Wendungen, die nachlässig mit subtil trivialen oder eindeutigen Argot-Ausdrücken durchsetzt sind (Claudel, Lacan ...), könnte dazu ein Beispiel liefern; oder noch besser: *Wovon grasten wir doch eben? Wir wollten gerade Klee schlingen. Ein wenig Fußball, zwei Stropfen Knilch?* (Jean Tardieu, *Un mot pour un autre* (Professor Froeppel)) oder die Veränderungen von Bolucra (Boulingra, Brelugat, Brolugat, Botugat, Botrulat, Brodugat, Bretoga, Butuga, Brelogat, Bretouilla, Bodrugat usw.) in *Sonntag des Lebens.*[4]

Eine gewisse Kunst des Lesens – und nicht nur des Lesens eines Textes, sondern auch dessen, was man das Lesen eines Bildes oder das Lesen einer Stadt nennt – könnte darin bestehen, diagonal zu lesen, einen schiefen Blick auf den Text zu richten (aber dann handelt es sich schon nicht mehr um das Lesen auf seiner physiologischen Ebene: wie könnte man den extra-okularen Muskeln auch beibringen, „anders zu lesen"?).

Die Stimme, die Lippen

Es wird als vulgär angesehen, die Lippen beim Lesen zu bewegen. Wir wurden lesen gelehrt, indem man uns laut vorlesen ließ; dann mussten wir das verlernen, wovon man uns gesagt

4 Zwei Zitate scheinen mir geeignet, das Vorausgegangene zu verdeutlichen und seine Tragweite auszudehnen; das erste ist von Roger Price (*Das Albernheitenhirn*): „Ein gereinigtes Buch (nicht zu verwechseln mit einem gesäuberten oder einem nicht gesäuberten Buch) ist ein Buch, in dem der Verleger mit Bleistift eine gewisse Anzahl obszöner Wörter hinzugefügt hat"; mit dem zweiten beginnt *Der Nullgrad des Schreibens*: „Hébert begann nie eine Nummer des Père Duchêne, ohne ein paar ‚Scheiß drauf' und ein paar ‚Pfeif drauf' voranzustellen. Diese Derbheiten bedeuteten nichts, aber sie machten aufmerksam."

hat, es sei eine sehr schlechte Angewohnheit, wahrscheinlich, weil es zu sehr nach Fleiß, nach Anstrengung aussieht.

Dennoch sind die kriko-arytaenoiden und die kriko-thyroiden Muskeln, Spann- und Schließmuskel der Stimmbänder und der Stimmritze, aktiv, während wir lesen.

Das Lesen bleibt untrennbar verbunden mit den Lippenbewegungen und den Stimmaktivitäten (es gibt Texte, die nur gemurmelt oder geflüstert werden sollten, andere wiederum, die man brüllen oder hämmern können müsste).

Die Hände

Es sind nicht nur die Blinden, die behindert sind beim Lesen. Auch die Einarmigen sind es: sie können die Seiten nicht umblättern.

Die Hände dienen nur noch dazu, die Seiten umzublättern. Die allgemeine Einführung von Büchern, die bereits aufgeschnitten sind, bringt den Leser um zwei große Genüsse: den, die Seiten aufzuschneiden (hier würde ich nun, wäre ich Sterne, ein ganzes Kapitel zum Lob des Brieföffners einschieben, vom Brieföffner aus Pappe, den es in den Buchhandlungen beim Kauf eines Buches dazugab, bis zum Brieföffner aus Bambus, aus poliertem Stein, aus Stahl, über die Brieföffner in Form eines Krummschwerts (Tunesien, Algerien, Marokko), eines Stierkämpferdegens (Spanien), eines Samuraisäbels (Japan) bis hin zu diesen entsetzlichen Dingen, die in Kunstleder stecken und zusammen mit verschiedenen Gegenständen von der gleichen Sorte (Scheren, Kugelschreiber, Bleistiftkasten, Universalkalender, Merkzeichen, Schreibunterlage mit eingelassenem Löschblatt usw.) das bilden, was man eine „Schreibtischgarnitur“ nennt); und den noch viel größeren, mit dem Lesen eines Buches anzufangen, ohne seine Seiten aufgeschnitten zu haben. Man erinnert sich (es ist ja schließlich noch nicht so lange her), dass die Bücher so gefaltet waren, dass die aufzuschneidenden Seiten folgendermaßen miteinander abwechselten: acht Seiten, von denen zuerst der obere Rand aufgeschnitten werden musste und dann, zweimal, der Seitenrand. Die ersten acht konnte man fast ganz ohne Brieföffner lesen; von den acht andern konnte man, versteht sich, die erste und die letzte lesen und, wenn man sie hochhob, die vierte und die fünfte. Aber mehr nicht. Es gab Lücken im Text, die Überraschungen bereiteten und gespanntes Warten auslösten.

Haltungen

Die Lehre von der Haltung beim Lesen ist natürlich viel zu sehr mit den Umständen verknüpft (die ich gleich näher untersuchen werde), als dass man sie nur als solche in Betracht ziehen könnte. Dabei wäre es immerhin eine faszinierende und im eigentlichen Sinne mit einer Soziologie des Körpers verbundene Suche, die in Angriff zu nehmen sich verwunderlicherweise bisher noch kein Soziologe und Anthropologe hat angelegen sein lassen (trotz des von Marcel Mauss in Vorschlag gebrachten Projekts, auf das ich bereits zu Anfang dieses Artikels hingewiesen habe). Da jegliche systematische Untersuchung fehlt, kann hier nur eine summarische Aufzählung skizziert werden:

stehend lesen (es ist die beste Art, in einem Lexikon nachzuschlagen);

sitzend lesen, aber es gibt so viele Arten des Sitzens: die Füße berühren den Boden, die Füße sind höher als der Sitz, der Körper nach hinten zurückgelehnt (Sessel, Sofa), die Ellbogen auf einen Tisch aufgestützt;

liegend lesen: auf dem Rücken liegen; auf dem Bauch liegen; auf der Seite liegen;

kniend lesen: (Kinder, die in einem Bilderbuch blättern; die Japaner?);

kauernd lesen (Marcel Mauss: Die kauernde Stellung ist meiner Meinung nach eine interessante Stellung, die Kinder ruhig beibehalten können. Es ist ein großer Irrtum, sie ihnen abzugewöhnen. Die ganze Menschheit, ausgenommen unsere Gesellschaften, hat sie beibehalten);

beim Gehen lesen. Man denkt vor allem an den Pfarrer, der frische Luft schöpft und dabei sein Brevier liest. Aber es gibt auch den Touristen, der in einer fremden Stadt umherschlendert, einen Stadtplan in der Hand, oder der an den Bildern des Museums vorbeigeht und dazu die Beschreibung liest, die im Museumsführer steht. Oder durch die Landschaft laufen, ein Buch in der Hand, und dabei laut lesen. Ich habe den Eindruck, dass das immer seltener wird.

II. DAS DRUMHERUM

I have always been the sort of person who enjoys reading. When I have nothing else to do, I read.

Charlie Brown

Man kann, ganz grob, zwischen zwei Kategorien des Lesens unterscheiden: das Lesen, das von einer anderen (aktiven oder passiven) Beschäftigung begleitet wird, und das Lesen, das nur von sich selber begleitet wird. Die erste Kategorie wäre einem Herrn angemessen, der im Wartezimmer eines Zahnarztes in einer Illustrierten blättert; die zweite wäre diesem selben Herrn angemessen, der, wieder zu Hause und mit seinen

Zähnen in Frieden lebend, sich an seinen Schreibtisch setzt, um die *Erinnerungen eines Botschafters in China* des Marquis de Mogès zu lesen.

Es kommt also vor, dass man liest, um zu lesen, dass die Lektüre die einzige Tätigkeit eines Augenblicks ist. Ein Beispiel hierfür liefern die Leser, die im Lesesaal einer Bibliothek sitzen; im vorliegenden Falle ist die Bibliothek sogar ein spezieller, dem Lesen vorbehaltener Ort, einer der einzigen Orte, an denen die Lektüre eine kollektive Beschäftigung ist (lesen muss nicht unbedingt eine einsame Tätigkeit sein, sie ist aber in der Regel eine individuelle Tätigkeit; es kommt vor, dass man zu zweit liest, Schläfe an Schläfe, oder der eine über den Rücken des anderen gebeugt; oder man liest für andere etwas laut vor; aber der Ge danke, dass mehrere Personen gleichzeitig dasselbe lesen, hat schon etwas Überraschendes: Gentlemen in einem Club, die die *Times* lesen; eine Gruppe chinesischer Bauern, die *Das kleine rote Buch* studieren).

Ein anderes Beispiel scheint mir ganz besonders gut durch ein Foto illustriert zu werden, das vor mehreren Jahren anlässlich einer größeren Untersuchung über das Verlagswesen in Frankreich in der Zeitschrift *Express* erschienen ist: es zeigt Maurice Nadeau, in einem bequemen Sessel vergraben und umgeben von Bücherstapeln, die höher sind als er.

Oder ein Kind, das ein Kapitel Naturgeschichte liest oder zu lesen sich bemüht, über das es am nächsten Tag im Unterricht befragt zu werden befürchtet.

Man könnte die Beispiele mühelos vervielfachen. Was sie miteinander zu verbinden scheint, ist die Tatsache, dass dieses „Lesen um des Lesens willen" jedes Mal mit einer Studientätigkeit zu tun hat, mit etwas, das zur Arbeit oder zum Beruf gehört, in jedem Falle dem Bereich der Notwendigkeit zuzuordnen ist. Natürlich müsste man das noch genauer definieren und insbesondere einigermaßen zufriedenstellende Kriterien finden, um die Arbeit von der Nichtarbeit zu unterscheiden. Nach dem augenblicklichen Stand der Dinge scheint es mir durchaus angebracht, diesen Unterschied hervorzuheben: auf der einen Seite ein, sagen wir einmal, berufliches Lesen, dem man sich unbedingt ganz hingeben muss, das man zum einzigen Gegenstand einer Stunde oder eines ganzen Tages machen muss; auf der anderen Seite ein, sagen wir einmal, Lesen der Muße, das immer mit einer anderen Tätigkeit einhergehen wird.

Und dies ist in der Tat bei meiner Untersuchung über die verschiedenen Arten des Lesens das, was mich am meisten überrascht: nicht, dass das Lesen als eine Freizeitbeschäftigung, als eine Tätigkeit der Muße angesehen wird, sondern dass es ganz allgemein nicht für sich allein bestehen kann; es muss in eine andere Notwendigkeit eingebettet sein; eine andere Tätigkeit muss es stützen: die Lektüre ist mit der Idee einer auszufüllenden Zeit verbunden, einer toten Zeit, die man zum Lesen nützen muss. Vielleicht ist diese Trägertätigkeit nur der Vorwand für die Lektüre, aber wie soll man das wissen? Ist ein Herr, der am Strand liest, am Strand, um zu lesen, oder liest er, weil er am Strand ist? Liegt ihm am wechselhaften Schicksal Tristram Shandys wirklich mehr als am Sonnenbrand auf seinen Waden? Wäre es jedenfalls nicht zweckmäßig, sich über dieses Umfeld des Lesens Fragen zu stellen? Lesen heißt ja nicht nur, einen Text zu lesen, Zeichen zu entziffern, die Zeilen zu vermessen, die Seiten zu erforschen, einen Sinn zu durchschreiten; es ist nicht nur die abstrakte Kommunion zwischen dem Autor und dem Leser, die mystische Hochzeit der Idee mit dem Ohr, es ist gleichzeitig auch das Geräusch der Metro oder das Schaukeln eines Eisenbahnwagens oder die Hitze der Sonne an einem Strand und die Schreie der Kinder, die etwas abseits spielen, oder die Empfindung des warmen Wassers in der Badewanne oder das Warten auf den Schlaf ...

Ein Beispiel mag mir erlauben, den Sinn dieser Befragung, die völlig müßig zu finden man übrigens durchaus das Recht hat, näher darzulegen: vor gut einem Dutzend Jahre aß ich mit einigen Freunden in einem kleinen Restaurant zu Abend (Hors d'oeuvre, Tagesgericht, Käse oder Dessert); an einem anderen Tisch aß ein bereits zu Recht berühmter Philosoph; er aß allein und las einen fotokopierten Text, wahrscheinlich eine Doktorarbeit. Er las zwischen jedem Gang, und oft sogar zwischen jedem Bissen, und wir haben uns gefragt, meine Tischgenossen und ich, welche Wirkung diese Doppeltätigkeit wohl haben mochte, wie sich das vermischte, welchen Geschmack die Wörter hatten und welche Bedeutung der Käse hatte: ein Bissen, ein Begriff, ein Bissen, ein Begriff ... Wie ließ sich ein Begriff kauen, wie wurde das hinuntergeschluckt, wie wurde das verdaut? Und wie konnte man über die Wirkung dieser Doppelnahrung Rechenschaft ablegen, wie sie beschreiben, wie sie beurteilen?

Die folgende Aufzählung, Entwurf einer Typologie der Lesesituationen, kommt nicht allein der Lust am Aufzählen nach. Es scheint mir, dass sie eine Ahnung dessen zu geben vermag, was eine globale Beschreibung der städtischen Tätigkeiten von heute ist. In dem verschlungenen Netz der Alltagsrhythmen werden so ziemlich überall Zeitabschnitte, Bruchstücke, Lesestrände eingefügt; so, als habe sich das Lesen, durch die Notwendigkeiten der Termine aus unserem Leben verjagt, doch der Zeiten eingedenk, in der wir als Kinder unsere Nachmittage bäuchlings auf dem Bett liegend in Gesellschaft der drei Musketiere und der Kinder des Kapitän Grant verbrachten, heimlich und verstohlen in die Zwischenräume und Risse unseres Erwachsenenlebens eingeschlichen.

Zeitabschnitte

Man kann die verschiedenen Lektüren nach der Zeit einteilen, die sie in Anspruch nehmen. Die Zeitabschnitte kämen als erstes. Man liest, während man wartet, beim Friseur, beim Zahnarzt (eine durch die Angst abgelenkte Lektüre); beim Schlangestehen vor dem Kino liest man das Filmprogramm; bei der Verwaltung (Sozialversicherung, Postscheckamt, Fundamt usw.), während man darauf wartet, dass die eigene Nummer aufgerufen wird.

Wenn sie wissen, dass das Warten vor den Toren eines Sportplatzes oder vor den Türen der Oper lange dauern wird, bringen sich die Vorausschauenden einen Klappstuhl und ein Buch mit.

Der Körper

Man kann die Lektüre nach den Körperfunktionen einteilen:

Das Essen: Beim Essen lesen (siehe weiter oben). Seine Post öffnen, die Zeitung auseinanderfalten und dabei frühstücken.

Die Toilette: In der Badewanne zu lesen wird von vielen als höchste Lust angesehen. Dabei ist die Idee häufig lustiger als ihre Verwirklichung; die meisten Badewannen erweisen sich als unbequem, und, außer man verfügt über eine Spezialausrüstung – Bücherhalter, schwimmendes Kissen, leicht erreichbare Handtücher und Wasserhähne –, erfordern besondere Vorsichtsmaßnahmen, es ist keineswegs einfacher, in der Badewanne zu lesen als zum Beispiel darin zu rauchen: es ist dies ein kleines Problem des Alltagslebens, dessen sich die Designer einmal annehmen sollten.

Die Notdurft: Ludwig XIV. hielt auf seinem Nachtstuhl Audienz. Das war zur damaligen Zeit durchaus geläufig. Unsere heutige Gesellschaft ist sehr viel diskreter geworden (vgl. *Das Phantom der Freiheit*). Und doch bleibt der Abtritt weiterhin ein bevorzugter Ort für die Lektüre. Zwischen dem sich erleichternden Wanst und dem Text wird eine tiefe Beziehung hergestellt, so etwas wie eine intensive Verfügbarkeit, eine erweiterte Empfänglichkeit, ein Leseglück: eine Begegnung der Eingeweide mit dem Empfindsamen, worüber niemand, wie mir scheint, besser gesprochen hat als Joyce:

Auf dem Kackstuhl hockend, entfaltete er seine Zeitung und schlug auf den entblößten Knien die Seiten um. Irgendwas Neues und Leichtes. Keine große Eile. Ruhig noch ein bisschen zurückhalten. Unser Preisausschreiben, der Leckerbissen der Woche. Matchams Meisterstreich. Von Mr Philip Beaufroy, Playgoers' Club, London. Honorar in Höhe von einer Guinee pro Spalte wurde an den Verfasser überwiesen. Dreieinhalb. Drei Pfund drei. Drei Pfund dreizehnsechs.

In Ruhe las er, seinen Drang noch unterdrückend, die erste Spalte und begann, schon nachgebend, doch mit Widerstreben noch, die zweite. Auf ihrer Mitte angelangt, gab er seinen letzten Widerstand auf und erlaubte seinen Eingeweiden, sich zu erleichtern, ganz so gemächlich, wie er las, und immer noch geduldig lesend, die leichte Verstopfung von gestern ganz verschwunden. Hoffentlich ists nicht zu groß, geht sonst mit den Hämorrhoiden wieder los. Nein, grade richtig. So. Ah! Bei Hartleibigkeit eine Tablette Cascara sagrada. Könnte alles im Leben so sein. (Ulysses)

Der Schlaf: Man liest viel vor dem Einschlafen, und oft, um einzuschlafen, und mehr noch, wenn man keinen Schlaf findet. Ein großes Vergnügen ist es, in einem Haus, in das man zum Wochenende eingeladen worden ist, Bücher zu entdecken, die man noch nicht gelesen hat, die man aber immer schon einmal hatte lesen wollen, oder vertraute Bücher, die man seit langem nicht mehr gelesen hatte. Man nimmt ein Dutzend mit auf sein Zimmer, man liest sie, man liest sie noch einmal, fast bis zum Morgen.

Der gesellschaftliche Raum

Man liest selten während der Arbeit, es sei denn, die Arbeit besteht gerade im Lesen.

Die Hausfrauen lesen in den Grünanlagen, während sie ihre spielenden Kinder überwachen.

Die Gaffer flanieren an den Schaukästen der Bouquinisten vorbei oder lesen die Tageszeitungen, die an den Türen der Redaktionen aushängen.

Die Kaffeehausgäste lesen ihre Abendzeitung und trinken dazu ihren Aperitif auf der Terrasse.

Transporte

Man liest viel auf dem Weg zur Arbeit oder von der Arbeit. Man könnte die Lektüre nach den Transportmitteln einteilen: das Auto und der Reisebus taugen nichts (vom Lesen bekommt man Kopfschmerzen); der Autobus eignet sich besser, doch die Leser sind hier seltener, als man hätte annehmen können, sicherlich wegen des Straßenlärms.

Der Ort, an dem man liest, ist die Metro. Das könnte fast eine Definition sein. Ich wundere mich, dass der Kulturminister oder der Staatssekretär für das Universitätswesen noch nicht ausgerufen haben: „Hört auf, Herrschaften, hört auf, Geld für die Universitäten zu verlangen: die wahre Bibliothek des Volkes ist die Metro!“ (donnernder Beifall auf den Bänken der Mehrheit).

Vom Standpunkt des Lesens bietet die Metro zwei Vorteile: der erste ist der, dass eine Metrostrecke eine fast vollkommen festgelegte Zeit dauert (ungefähr eineinhalb Minuten pro

Station): so kann man seine Lektüre zeitlich genau festlegen: zwei Seiten, fünf Seiten, ein ganzes Kapitel, je nach der Länge der Strecke. Der zweite Vorteil ist der zweitägliche und pentawöchentliche Rückgriff auf die Strecken: das am Montag morgen begonnene Buch wird am Freitag abend ausgelesen sein ...

Reisen

Auf Reisen wird viel gelesen. Es gibt dafür sogar eine besondere Literatur – auch Bahnhofsliteratur genannt. Vor allem in den Zügen wird gelesen. Im Flugzeug wird vor allem in Illustrierten herumgeblättert. Passagierdampfer werden immer seltener. Vom Standpunkt der Lektüre aus gesehen ist der Passagierdampfer übrigens nichts anderes als ein Liegestuhl (siehe weiter unten).

Verschiedenes

In den Ferien lesen. Ferienlektüre. Kurlektüre. Touristenlektüre.

Lesen, wenn man krank ist, zu Hause, im Krankenhaus, während der Genesung.

Usw.

Ob Buch, Zeitschrift oder Prospekt, auf allen diesen Seiten habe ich mich nicht für das interessiert, was gelesen wird. Nur für die Tatsache, dass gelesen wird, an verschiedenen Orten, zu verschiedenen Zeiten. Was wird aus dem Text, was bleibt davon? Wie wird ein Roman wahrgenommen, der zwischen Montgallet und Jacques-Bonsergent liegt? Wie wirkt sich dieses Zerhacken des Textes aus, diese vom Körper, von den andren, von der Zeit, vom Grollen des Kollektivlebens unterbrochene Aufnahme? Es sind Fragen, die ich stelle, und ich glaube nicht, dass es für einen Schriftsteller überflüssig ist, sie sich zu stellen.

Kurze Anmerkungen über die Kunst und die Art und Weise seine Bücher zu ordnen

Jede Bibliothek[5] entspricht einem doppelten Bedürfnis, das häufig auch eine doppelte Manie ist: die Manie, bestimmte Dinge (Bücher) aufzubewahren, und die Manie, sie auf eine bestimmte Art und Weise zu ordnen.

Einer meiner Freunde nahm sich eines Tages vor, seine Bibliothek nicht über die Zahl von 361 Werken hinaus anwachsen zu lassen. Seine Vorstellung war folgende: sobald, ausgehend von einer Zahl n von Werken, durch Addition oder Subtraktion die Zahl K = 361 erreicht ist, die in dem Ruf steht, wenn schon nicht einer idealen, so wenigstens einer ausreichenden Bibliothek zu entsprechen, sich dazu zwingen, erst dann wieder ein neues Buch X dauerhaft zu erstehen, wenn (durch Schenkung, Wegwurf, Verkauf oder irgendein anderes passendes Mittel) ein älteres Buch Z ausgesondert worden ist, so dass die Gesamtzahl K an Büchern konstant und gleich 361 bleibt:

$$K + X > 361 > K - Z$$

5 Ich nenne Bibliothek eine Sammlung von Büchern, die ein nicht professioneller Leser zu seinem Vergnügen und täglichen Gebrauch zusammengestellt hat. Dies schließt die Bibliophilensammlungen sowie die Ledereinbände am laufenden Meter ebenso aus wie die meisten spezialisierten Bibliotheken (die der Universitätsprofessoren zum Beispiel), deren besondere Probleme sich mit denen der öffentlichen Büchereien vergleichen lassen.

Die Weiterentwicklung dieses verführerischen Vorhabens stieß auf vorhersehbare Hindernisse, für die die erforderlichen Lösungen gefunden wurden: zunächst einmal wurde ins Auge gefasst, dass ein Band – meinetwegen der Pléiade-Ausgabe – für ein (1) Buch zählen sollte, selbst wenn er drei (3) Romane (oder Gedichtsammlungen oder Essays usw.) enthielt; daraus wurde gefolgert, dass drei (3) oder vier (4) oder n (n) Romane ein und desselben Autors (stillschweigend) als ein (1) Band dieses Autors zu zählen sind, als zwar noch nicht zusammengestellte, aber unausweichlich zusammenstellbare Fragmente eines *Gesammelten Werks.* Von dieser Prämisse ausgehend wird man zu berücksichtigen haben, dass ein bestimmter, kürzlich erstandener Roman eines bestimmten Romanciers englischer Sprache aus der zweiten Hälfte des 19. Jahrhunderts logischerweise nicht als ein neues Werk X gezählt werden kann, sondern als ein Werk Z, das zu einer sich gerade bildenden Reihe gehört: die Gesamtheit T aller von dem besagten Romancier geschriebenen Romane (und es gibt derer weiß Gott eine ganze Menge!). Das änderte den ursprünglichen Plan jedoch nicht im Geringsten: anstatt von 361 Werken zu reden, wurde einfach beschlossen, dass die hinreichende Bibliothek idealerweise aus 361 *Autoren* bestehen sollte, ob sie nun ein schmales Werk beschrieben hatten oder eins, mit dem man Lastwagen füllen kann. Diese Modifizierung erwies sich über mehrere Jahre hinweg als effizient: aber bald zeigte sich, dass bestimmte Werke – zum Beispiel die Ritterromane – keine Autoren hatten oder dass sie mehrere hatten und dass bestimmte Autoren – die Dadaisten zum Beispiel – nicht voneinander getrennt werden konnten, ohne dass damit achtzig bis neunzig Prozent dessen verloren ging, was ihre Bedeutung ausmachte: so kam man schließlich auf den Gedanken einer auf 361 Themen – das Wort ist zwar vage und unbestimmt, doch die Gruppen, die es abdeckt, sind es manchmal auch – beschränkten Bibliothek, und diese Beschränkung hat bis jetzt uneingeschränkt funktioniert.

Eines der Hauptprobleme, denen der Mensch begegnet, der die Bücher, die er gelesen hat oder die eines Tages zu lesen er sich vornimmt, aufbewahrt, ist somit also das Anwachsen seiner Bibliothek. Nicht jeder hat das Glück, Kapitän Nemo zu sein:

„*... die Welt ist für mich an dem Tag zu Ende gewesen, an dem meine* Nautilus *zum ersten Mal unter Wasser getaucht ist. An diesem Tag habe ich meine letzten Bücher, meine letzten Broschüren, meine letzten Zeitungen gekauft, und seitdem will ich glauben, dass die Menschheit nicht mehr gedacht und nicht mehr geschrieben hat.*“

Die einheitlich gebundenen 12.000 Bände des Kapitän Nemo sind ein für alle Mal eingeordnet worden, und das geschah um so einfacher, wie uns ausdrücklich versichert wird, als diese Ordnung keine Unterschiede kennt, jedenfalls vom Standpunkt der Sprache aus gesehen (ein Hinweis, der in keiner Weise etwas mit der Kunst zu tun hat, eine Bibliothek zu ordnen, sondern der uns schlicht und einfach daran erinnern will, dass Kapitän Nemo gleichermaßen alle Sprachen beherrscht). Doch für uns, die wir es weiterhin mit einer Menschheit zu tun haben, die hartnäckig darauf besteht, zu denken, zu schreiben und vor allem zu veröffentlichen, läuft das Problem der Vergrößerung unserer Bibliotheken darauf hinaus, zum einzigen wirklichen Problem zu werden: denn es ist ganz offenkundig, dass es nicht allzu schwierig ist, zehn oder zwanzig, meinetwegen auch noch hundert Bücher aufzubewahren; doch sobald man einmal 361 oder tausend oder dreitausend hat, und vor allem, wenn die Zahl täglich oder fast täglich zuzunehmen beginnt, stellt sich das Problem, zunächst einmal alle Bücher irgendwo unterzubringen und dann auch noch an sie heranzukommen, wenn man, aus dem einen oder anderen Grund, eines Tages Lust darauf hat oder gezwungen ist, sie endlich zu lesen oder sie sogar wiederzulesen.

So erweist sich das Problem der Bibliotheken als ein doppeltes Problem: zuerst als ein Raumproblem und dann als ein Ordnungsproblem.

1. Vom Raum

1.1. Allgemeines

Bücher sind nicht verstreut, sondern versammelt. So wie alle Marmeladentöpfe in einen Schrank für Marmelade gestellt werden, so werden auch alle Bücher an einen gleichen Ort oder mehrere gleiche Orte gestellt. Man könnte die Bücher, die man zu behalten wünscht, natürlich auch in Schließkörben stapeln, sie in den Keller oder auf den Speicher oder in Wandschränke stellen, doch in der Regel wird ihre Sichtbarkeit vorgezogen.

In der Praxis stehen die Bücher meistens nebeneinander, an einer Mauer oder einer Wand, auf schnurgeraden, parallel zueinander verlaufenden Gestellen, die weder allzu tief sind, noch allzu weit auseinander stehen. Die Bücher werden – in der Regel – aufrecht eingestellt und zwar so, dass der auf dem Buchrücken aufgedruckte Titel sichtbar ist (manchmal wird auch, wie in den Schaufenstern der Buchhandlungen, der Umschlag der Bücher gezeigt; was jedoch in jedem Fall ungewöhnlich und verpönt ist und fast immer als schockierend empfunden wird, ist ein Buch, von dem man nur den Schnitt sieht).

In der zeitgenössischen Wohnungseinrichtung ist die Bibliothek eine *Ecke*: die „Bücherecke“. Es ist meistens ein Möbelelement, das zum Komplex „Wohnzimmer“ gehört, zu dem noch folgende Möbel gehören:

der Barschrank mit Klappe
der Schreibsekretär mit Klappe
der zweitürige Geschirrschrank
das Möbel für das Hi-Fi-Gerät
das Möbel für das Fernsehgerät
das Möbel für den Diaprojektor
die Vitrine
usw.

das in den Katalogen zusammen mit einigen falschen Bucheinbänden gezeigt wird.

In der Praxis allerdings können Bücher so ziemlich überall aufgestellt werden.

1.2. Räume, in die man seine Bücher stellen kann

in die Diele
ins Wohnzimmer
in das oder die Schlafzimmer
auf den Abtritt

In die Küche stellt man in der Regel nur eine einzige Art von Büchern, und zwar genau die, die man „Kochbücher“ nennt.

Es ist äußerst selten, dass man in einem Badezimmer Bücher findet, obgleich es für viele Leute ein Lieblingsort für die Lektüre ist. Die Feuchtigkeit dieses Raums wird einmütig als Feind

Nummer eins der Aufbewahrung gedruckter Texte angesehen. In einem Badezimmer kann man allerhöchstens eine Hausapotheke finden und in der Hausapotheke ein kleines Bändchen mit dem Titel *Was ist vor der Ankunft des Arztes zu tun?*

1.3. Plätze in einem Raum, an denen man Bücher unterbringen kann

Auf Kaminsimsen oder Heizungsablagen (wobei allerdings zu berücksichtigen ist, dass sich die Hitze auf Dauer als schädlich erweisen kann),

zwischen zwei Fenstern,

in der Laibung einer zugemauerten Tür,

auf den Stufen einer Bücherleiter, wodurch diese unbenutzbar wird (sehr schick, vergleiche Renan),

unter einem Fenster,

in einem ährenförmig angeordneten Möbelstück, das als Raumteiler dient (sehr schick, wirkt noch besser mit einigen Grünpflanzen).

1.4. Dinge, die zwar keine Bücher sind, die man jedoch häufig in Bücherschränken antrifft

Fotos in Messingrahmen, kleine Stiche, Federzeichnungen, getrocknete Blumen in Stielgläsern, Pyrophore mit oder ohne Phosphorzündhölzern (gefährlich), Bleisoldaten, ein Foto von Ernest Renan in seinem Arbeitszimmer im Collège de France, Postkarten, Puppenaugen, Schachteln, Salz-, Pfeffer- und Senfrationen der Lufthansa, Briefwaagen, X-Haken,

Murmeln, Pfeifenreiniger, Modelle alter Autos, bunte Kieselsteine, Votivbilder, Sprungfedern.

2. Über die Ordnung

Eine Bibliothek, die nicht geordnet wird, gerät in Unordnung: an Hand dieses Beispiels hat man mir klarzumachen versucht, was Entropie ist, und ich habe es mehrmals im Experiment nachgeprüft.

Die Unordnung einer Bibliothek ist nicht etwas Schlimmes an sich: sie gehört zur Kategorie des „in welche Schublade habe ich meine Socken gelegt?“: man glaubt immer instinktiv zu wissen, wo man dieses oder jenes Buch hingestellt hat, und selbst wenn man es nicht weiß, ist es nie schwierig, schnell sämtliche Regale zu überfliegen.

Dieser Apologie der sympathischen Unordnung steht die schäbige Versuchung der individuellen Bürokratie im Wege: jedes Ding an seinem Platz und jedem Platz sein Ding und umgekehrt; zwischen diesen beiden Spannungsfeldern, dem einen, das den Schlendrian begünstigt, die zum Anarchismus neigende Gutmütigkeit, dem anderen, das die Tugenden der *tabula rasa* preist, die erfolgreiche Kälte des großen Ordnens, versucht man am Ende doch immer wieder Ordnung in seine Bücher zu bringen: es ist zwar ein strapaziöses, deprimierendes Geschäft, das einem jedoch angenehme Überraschungen zu verschaffen vermag, wie etwa die, ein Buch wiederaufzufinden, das man vergessen hatte, weil man es nicht mehr sah, und das man schließlich – alles, was man nicht am gleichen Tag tun muss, auf den nächsten Tag verschiebend – bäuchlings auf dem Bett liegend von neuem verschlingt.

2.1. Arten und Weisen, die Bücher zu ordnen

Einteilung nach dem Alphabet
Einteilung nach Einbänden
Einteilung nach dem Erscheinungsdatum
Einteilung nach Farben
Einteilung nach Formaten
Einteilung nach Gattungen
Einteilung nach dem Kaufdatum
Einteilung nach Kontinenten oder Ländern
Einteilung nach Lesepriorität
Einteilung nach großen literarischen Perioden
Einteilung nach Reihen
Einteilung nach Sprachen

Keines dieser Einteilungsmuster ist für sich allein zufriedenstellend. In der Praxis wird jede Bibliothek auf der Grundlage einer Kombination dieser verschiedenen Einteilungsarten geordnet: ihre Ausgewogenheit, ihre Beständigkeit gegenüber Veränderungen, ihr Veralten, ihre Remanenz verleihen jeder Bibliothek eine einmalige Persönlichkeit.

Es empfiehlt sich, zunächst einmal die dauerhaften Einteilungen von den provisorischen Einteilungen zu unterscheiden; die dauerhaften Einteilungen sind die, an die man sich im Prinzip auch weiterhin halten wird: bei den provisorischen Einteilungen geht man davon aus, dass sie nur ein paar Tage dauern werden: genau so lange, bis das Buch seinen endgültigen Platz findet oder wiederfindet: das kann ein kürzlich erstandenes und noch nicht gelesenes Buch sein oder aber ein kürzlich gelesenes Buch, von dem man noch nicht so richtig weiß, wo man es hinstellen soll, das man aber, das ist wenigstens der Vorsatz, anlässlich des nächsten „großen Ordnens" einstellen will, oder aber ein Buch, dessen Lektüre man unterbrochen hat, und das man nicht einstellen will, bevor man es ausgelesen hat, oder ein Buch, dessen man sich während eines bestimmten Zeitabschnitts ständig bedient hat, oder ein Buch, das man, um irgend etwas nachzuschlagen, aus dem Bücherschrank genommen, aber noch nicht an seinen Platz zurückgestellt hat, oder ein Buch, das man nicht an den Platz stellen kann, an den es gestellt werden sollte, weil es einem nicht gehört, und das zurückzugeben man schon mehrmals versprochen hat, usw.

Was mich angeht, so sind dreiviertel meiner Bücher niemals wirklich eingeordnet worden. Diejenigen Bücher, die ich nicht endgültig provisorisch eingestellt habe, sind, wie bei Oulipo, provisorisch endgültig eingestellt worden. Einstweilen trage ich sie von Raum zu Raum, stelle sie von einem Regal ins andere, lege sie von einem Stapel auf den anderen, und es kommt vor, dass ich drei Stunden lang nach einem Buch suche, ohne dass ich es finde, dabei aber die Genugtuung erlebe, sechs oder sieben andere zu entdecken, die ihren Zweck ebenso gut erfüllen.

2.2. Leicht einzuordnende Bücher

Die großen Jules-Verne-Ausgaben mit rotem Einband (ob es nun echte Hetzel-Ausgaben sind oder Neuauflagen von Hachette), die übergroßen Bücher, die ganz kleinen, die Baedeker, die seltenen oder für selten gehaltenen Bücher, die gebundenen Bücher, die Bände der Pléiade-Ausgaben, die Bände der Reihe *Gegenwart der Zukunft*, die bei den Éditions de Minuit veröffentlichten Romane, die verschiedenen Reihen (Change,

Textes, Lettres nouvelles, Le Chemin usw.), die Zeitschriften, falls man mindestens drei Nummern davon hat, usw.

2.3. Bücher, die nicht allzu schwer einzuordnen sind

Die Bücher über das Kino, ob es sich nun um Essays über Regisseure, um Bildbände über Stars oder solche mit Filmausschnitten handelt; die südamerikanischen Romane, die Ethnologie, die Psychoanalyse, die Kochbücher (siehe oben), die Telefonbücher (neben dem Telefon), die deutschen Romantiker, die Bücher aus der Reihe Que sais-je? (hier ist das Problem, ob man sie alle zusammenstellt oder ob man sie unter die jeweilige Disziplin einordnet, von der sie handeln), usw.

2.4. Bücher, die fast unmöglich einzuordnen sind

Die anderen, zum Beispiel die Zeitschriften, von denen man nur eine Nummer besitzt, oder *Der Russlandfeldzug von 1812* von Clausewitz, aus dem Deutschen übersetzt von M. Bégouen, kommandierender Hauptmann bei den 31. Dragonern, mit beigefügter Landkarte, Paris, Militärbuchhandlung R. Chapelot et Cie., 1900, oder Heft 6 von Band 91 (November 1976) der *Publications of the Modern Language Association of America* (PMLA), in dem das Programm der 666 Arbeitssitzungen des Jahreskongresses besagten Vereins angegeben wird.

2.5. Wie Borges' Bibliothekare von Babel, die nach dem Buch suchen, das ihnen den Schlüssel zu allen anderen liefern soll, schwanken wir zwischen der Illusion des Vollendeten und dem Rausch des Nichtfassbaren. Im Namen des Vollendeten wollen wir glauben, dass es nur eine einzige Ordnung gibt, die uns ermöglicht, auf Anhieb zum Wissen zu gelangen; im Namen des Nichtfassbaren wollen wir denken, dass Ordnung und Nichtordnung zwei gleiche Wörter sind, die den Zufall bezeichnen.

Es kann aber auch sein, dass beide Lockmittel sind, Augentäuschungen, dazu bestimmt, den Verschleiß der Bücher und der Systeme zu verschleiern.

Es ist jedenfalls nicht schlecht, dass unsere Bibliotheken zwischen beiden von Zeit zu Zeit auch als Merkzeichen dienen, als Katzenbank und als Abstellkammer.

Der heilige Hieronymus in seinem Studierzimmer von Antonello da Messina (London, National Gallery)

Das Studierzimmer ist ein Möbelstück, das auf dem Fliesenboden einer Kathedrale steht. Es befindet sich auf einem erhöhten Platz, zu dem man über drei Stufen gelangt und enthält hauptsächlich sechs Regale voller Bücher und verschiedener Gegenstände (vor allem Dosen und Vasen) und eine Arbeitsfläche, auf deren ebenem Teil sich zwei Bücher, ein Tintenfass und eine Feder befinden, auf dem schrägen Teil das Buch, in dem der Heilige gerade liest. Alle seine Elemente sind fest, das heißt sie bilden das eigentliche Möbelstück, aber auf dem erhöhten Platz stehen auch ein Stuhl, auf dem der Heilige sitzt, und eine Truhe.

Der Heilige hat seine Schuhe ausgezogen, um sich auf den erhöhten Platz zu begeben. Er hat seinen Kardinalshut auf die Truhe gelegt. Er ist mit einer roten (Kardinals-)Robe bekleidet und trägt auf dem Kopf so etwas wie ein ebenfalls rotes Käppchen. Er hält sich sehr gerade auf seinem Stuhl, und ist sehr weit von dem Buch entfernt, das er liest. Er hat die Finger in die Seiten des Buches geschoben, entweder so, als blättere er das Buch nur durch oder eher noch als müsse er sich oft auf frühere Abschnitte seiner Lektüre beziehen. Ganz oben auf einem der Bretter, genau dem Heiligen gegenüber und sehr hoch über ihm steht eine winzige Christusfigur.

Auf einer Seite der Regale sind zwei schmucklose Haken befestigt, an einem davon hängt ein Wäschestück, das vielleicht ein Achseltuch oder eine Stola, wahrscheinlicher aber ein Handtuch ist.

Auf einem Vorsprung des erhöhten Platzes befinden sich zwei Pflanzen in Töpfen, von denen die eine vielleicht ein

Zwergapfelsinenbaum ist, sowie eine kleine getigerte Katze, deren Stellung den Gedanken nahelegt, dass sie im Zustand des Halbschlafs ist. Über dem Orangenbaum, auf dem Paneel der Arbeitsfläche, ist ein Etikett befestigt, das, wie fast immer bei Antonello da Messina, den Namen des Malers und das Datum der Fertigstellung des Gemäldes angibt.

Von jeder Seite und von oberhalb des Studierplatzes aus kann man sich eine Vorstellung von der übrigen Kathedrale machen. Sie ist leer, bis auf einen Löwen, der auf der Rechten, eine Tatze erhoben, zu zögern scheint, ob er den Heiligen in seiner Arbeit stören soll. Sieben Vögel erscheinen im Rahmen der hohen und schmalen oberen Fenster. Durch die unteren Fenster kann man eine sanft gewellte Landschaft sehen, eine Zypresse, Olivenbäume, ein Schloss, einen Fluss mit zwei Kahn fahrenden Personen und drei Angler.

Gesehen wird das Ganze durch eine riesige Spitzbogenöffnung, auf deren Brüstung ein Pfau und ein ganz junger Raubvogel friedlich neben einem prachtvollen Kupferbecken sitzen.

Der ganze Raum ist um dieses *Möbelstück* herum gestaltet (und das Möbelstück wiederum ist um das Buch herum gestaltet): die eisige Architektur der Kirche (die Kahlheit ihres Fliesenbodens, die Feindseligkeit ihrer Pfeiler) hebt sich auf: ihre Perspektiven und ihre Senkrechten begrenzen nun nicht mehr allein den Ort eines unaussprechlichen Glaubens; sie sind nur noch da, um dem Möbelstück seinen Maßstab zu geben, ihm zu ermöglichen, *sich einzuschreiben*: im Zentrum des Unbewohnbaren definiert das Möbelstück einen domestizierten Raum, den die Katzen, die Bücher und die Menschen in aller Gelassenheit bewohnen.

Das Allerheiligste

Das Wort „Büro“ erinnert schon lange nicht mehr an das französische „bure“, jenen groben braunen Wollstoff, aus dem manchmal Tischdecken hergestellt wurden, der aber vor allem dazu diente, Mönchskutten zu schneidern, und der noch immer, mindestens so stark wie das Büßerhemd oder das Büßerkleid, das raue und strenge Leben der Trappisten oder der Anachoreten beschwört. Durch sukzessive Metonymien ist man von besagter Tischdecke zum Schreibtisch selbst gekommen, dann von dem besagten Schreibtisch zum Raum, in dem er stand, dann zur Gesamtheit der Möbel, die diesen Raum ausmachen, und schließlich zu den darin ausgeübten Tätigkeiten und der damit verbundenen Macht, ja, sogar zu den darin erbrachten Dienstleistungen; so kann man, wenn man die verschiedenen Bedeutungen des Wortes auslotet, von einem „bureau de tabac“ [entspricht im Deutschen einem Tabakladen] oder von einem „bureau de poste“ [zu deutsch Postamt] sprechen, von einem Deuxième Bureau [Zweites Büro gleich militärischer Geheimdienst], vom Bureau des longitudes [Seeamt], von einem Theater, das bei geschlossenen Büros spielt, was zu deutsch nichts anderes heißt, als dass die Vorstellung entweder seit Wochen ausverkauft ist oder dass es sich um eine geschlossene Vorstellung handelt, für die es keinen Kartenvorverkauf gibt, von einem bureau de vote, das heißt, von einem Wahllokal, vom Politbüro oder ganz einfach von „Büros“, diesen unbestimmten Örtlichkeiten, die vollstehen mit schlecht verschnürten Akten, mit Stempeln, Briefklammern, abgelutschten Bleistiften, Radiergummis, die nicht mehr radieren, vergilbten Briefumschlägen, und in denen einen in der Regel unwirsche

Angestellte von „Büro zu Büro" schicken und dabei Formulare ausfüllen, Listen abzeichnen und dann warten lassen, bis man an der Reihe ist.

Selbstverständlich ist hier nicht von diesen anonymen Büros die Rede, in denen Federfuchser und Bürokraten dicht aufeinandersitzen, sondern von den Symbolen der Macht, der Omnipotenz sogar, die die Direktorenbüros sind, die Büros der Großen dieser Welt, ob sie nun Generaldirektoren von multinationalen Firmen, Magnaten der Hochfinanz, der Werbung oder des Films, Potentaten, Nabobs oder Staatschefs sind. Mit einem Wort, das Allerheiligste, der für den gewöhnlichen Sterblichen unzugängliche Ort, wo diejenigen, die uns mehr oder weniger regieren, hinter dem dreifachen Wall ihrer Privatsekretariate, ihrer Polstertür und ihres Wollsiegelteppichbodens ihren Sitz haben.

Um sich der erdrückenden Verantwortung zu stellen, die auf ihm lastet, braucht der Große dieser Welt wirklich nicht viel mehr als Stille, Ruhe und Diskretion. Vielleicht auch Raum, um in tiefem Nachdenken auf- und abzugehen. Ein Haustelefon selbstverständlich, um seine Sekretärin zu bitten, den Sowieso anzurufen, die Verabredung mit Dings abzusagen, ihn an sein Mittagessen mit Dingsbums und an seine Concorde um 17 Uhr zu erinnern, ihm sein Alka Seltzer zu bringen und Berger zu ihm hereinzuschicken. Ferner zwei oder drei Sessel für die Gipfelbegegnungen. Aber nichts, das an die harten Realitäten der Verwaltung oder an die undurchdringlichen Mäander der Bürokratie erinnert: keine Schreibmaschine, keine Hängeregister, keine Büroklammern, keine Leimtöpfe oder Ärmelschoner (die, nebenbei bemerkt, heutzutage wohl nicht mehr so verbreitet zu sein scheinen). Denn hier geht es nur darum, zu denken, zu entwerfen, zu entscheiden, zu verhandeln, und das hat nichts zu tun mit all den subalternen Arbeiten, die treue Tagelöhner gewissenhaft auf den unteren Etagen ausführen werden.

Es wäre also durchaus statthaft, sich für diese hochgestellten Persönlichkeiten quasi leere Büros vorzustellen, und zwar umso leichter, als die überwältigenden Fortschritte dieser noch stammelnden Wissenschaft, die man auf den entsetzlichen Namen „Bürotik“ getauft hat, schon jetzt den Entwurf von Büros ohne Büros erlauben, in denen alles – oder fast alles – von einem Telefon und dem Terminal eines Computers aus erledigt werden kann, die irgendwo angeschlossen sind, in einem Badezimmer, auf einer Yacht oder in einer Trapperhütte irgendwo in Alaska.

Dennoch sind die Büros der Generaldirektoren und anderer Verantwortlicher selten leer. Doch wenn die Möbel, Apparate, Instrumente und Zubehörteile, die sie enthalten, nicht immer viel mit den darin ausgeübten Funktionen zu tun haben, so gehorchen sie nichtsdestoweniger einer tiefen Notwendigkeit: der nämlich, den sie bewohnenden Menschen, der sie als Zeichen seines Status, seines Prestiges und seiner Macht ausgesucht hat, zu verkörpern und zu repräsentieren. Bevor sie Büros sind, sind sie zunächst einmal Zeichen, Emblem, Etikett, mit deren Hilfe die Very Important People ihren Gesprächspartnern (und nebenbei auch ihren Mitarbeitern) wirkungsvoll bedeuten wollen, dass sie Very Important People und als solche einzigartig, unersetzlich und vorbildlich sind.

Von da aus sind zahlreiche Variationen möglich: zwischen dem streng Klassischen und dem brav Modernen, dem peinlich Genauen und dem Überflüssigen, dem Mönchischen und dem Grand-Seigneur, dem Familienvater und der Lokomotive, dem amerikanischen Luchsauge und dem englischen Chic, dem verwöhnten Sohn reicher Eltern und dem jungen Wolf, dem hohen Stehkragen und dem Auch-ich-bin-mal-ein-Hippie-gewesen könnte man damit beginnen, allein von der Beobachtung ihrer Büros ausgehend, eine ausgesprochene Typologie der höheren (oder der sich dafür haltenden) Intelligenz zu skizzieren: dort, wo der eine seinen Respekt vor den tausendjährigen Werten dadurch zu erkennen gibt, dass er sich einen Schreibtisch mit Intarsien und einen verglasten Schrank voller Bücher mit Ledereinband aussucht, wird ein anderer das sprudelnde Genie spielen, à la Einstein, und seinen Raum mit Punching-Balls, Comic-Strips, Spielkarten und Zwergschildkröten vollstopfen; ein Dritter wird seinen Sinn für Kühnheit dadurch ausdrücken, dass er die Ausstattung seines Territoriums einem italienischen Designer anvertraut, der ein leidenschaftlicher Anhänger von Basalt- und Lavasockeln sowie matt eloxiertem Stahl ist; ein vierter wird durchblicken lassen, dass sein IQ deutlich höher ist als der des Durchschnitts, indem er einige Doktorarbeiten über das Ergodenproblem oder die Plagiologie herumliegen lässt; ein fünfter wird zu verstehen geben, dass es sehr gut hätte sein können, dass er einmal Mäzen gewesen ist, indem er an gut sichtbarer Stelle ein Bild von Max Ernst aufhängt, falls er nicht die von seiner Firma gewonnenen Medaillen und Diplome oder das Porträt des Großvaters und Gründers des Unternehmens oder den 1976 aus Santa Domingo mitgebrachten 71 Pfund schweren Barrakuda zur Schau stellt.

Es gibt ernste Büros und gutmütige Büros, Büro-Laboratorien, in denen die „Arbeitsfläche“ eine riesige graue Metallplatte ist, verziert mit einigen Tasten, die wie durch Zauber James-Bondsche Gadgets auftauchen lassen; Boudoir-Büros, luxuriöse Büros, pietätvoll altertümliche, schein-nostalgische Büros in unechtem Rokkoko-Stil; mit Jahren beladene Büros, imposante Büros, gastliche Büros, einschüchternde Büros ...

Doch ob sie die Ordnung oder die Unordnung begünstigen, das Nützliche oder das Nichtige, das Grandiose oder das Gutmütige, sie alle sind für die Großen dieser Welt der eigentliche Raum ihrer Macht: von diesen Büros aus mit ihren

Stahl-, Glas- oder Holzschreibtischen werden die Generaldirektoren ihre entscheidenden öffentlichen Aktienkaufangebote starten, werden die Könige des Schweizerkäses zum Sturmangriff auf die Magnaten des Kugelschreibers blasen, werden die belgischen Barone die bayrischen Bierbrauer ungekocht auffressen, wird die CBS NBC, die TWA KLM und IBM ITT aufkaufen ... Das ist eben der Lauf der Welt, und das noch für lange Zeit, es sei denn, aus der Tiefe eines dieser stillen und luftdicht verschlossenen Büros löst eine Hand, indem sie auf einen kleinen roten Knopf drückt, irgendein dummes Ereignis aus ...

Anmerkungen hinsichtlich der Gegenstände, die auf meinem Schreibtisch liegen

Auf meinem Schreibtisch liegen viele Gegenstände. Der älteste ist sicherlich mein Füllhalter; der neueste ist ein kleiner runder Aschenbecher, den ich letzte Woche gekauft habe; er ist aus weißer Keramik, und das Schmuckbild stellt das Denkmal der Märtyrer von Beirut dar (ich nehme an, die aus dem Krieg von 1914, noch nicht die aus dem Krieg, der gerade ausbricht).

Ich verbringe täglich mehrere Stunden an meinem Schreibtisch. Manchmal wünschte ich mir, er wäre so leer wie nur möglich. Meistens ist es mir jedoch lieber, dass er fast maßlos überladen ist; der Tisch selber besteht aus einer ein Meter vierzig langen und siebzig Zentimeter breiten Glasplatte, die auf Metallböcken liegt. Seine Stabilität ist weit davon entfernt, vollkommen zu sein, und genau besehen ist es gar nicht schlecht, dass er beladen oder sogar überladen ist: das Gewicht der Gegenstände, das er trägt, hilft, ihn im Lot zu halten.

Ich räume meinen Schreibtisch noch ziemlich oft auf. Das Aufräumen besteht darin, dass ich alle Gegenstände anderswo hinlege, um ihnen dann einen nach dem anderen wieder ihren alten Platz zu geben. Ich wische die Glasplatte mit einem (manchmal mit einem Spezialmittel getränkten) Lappen ab und mache dann dasselbe mit jedem einzelnen Gegenstand. Das Problem besteht nun darin zu entscheiden, ob dieser oder jener Gegenstand auf den Schreibtisch gehört oder nicht (und dann muss ich einen Platz für ihn finden, was aber in der Regel nicht schwierig ist).

Diese neue Raumordnung geschieht selten aufs Geratewohl. Sie entspricht in den meisten Fällen dem Anfang oder dem Ende einer bestimmten Arbeit; sie erfolgt an jenen unsicheren Tagen, an denen ich nicht genau weiß, ob ich mich in eine neue Arbeit stürze, und an denen ich mich ausschließlich an diese Abkapselungstätigkeiten klammere: aufräumen, sortieren, Ordnung schaffen. In diesen Augenblicken träume ich von einer jungfräulichen, intakten Arbeitsfläche: jedes Ding an seinem Platz, nichts Überflüssiges, nichts, das übersteht, alle Bleistifte schön gespitzt (doch warum muss ich mehrere Bleistifte haben? Auf einen Blick sehe ich sechs!), alle Papiere aufeinandergestapelt oder, noch besser, überhaupt keine Papiere, nur ein Heft, das auf einer weißen Seite aufgeschlagen ist (der Mythos der tadellos glatten Schreibtische der Generaldirektoren: ich habe einmal einen gesehen, der eine kleine Stahlfestung war, vollgepackt mit elektronischen oder angeblich elektronischen Apparaten, die auftauchten oder verschwanden, wenn man die Tasten eines Superarmaturenbrettes bediente ...).

Später, wenn es mit meiner Arbeit vorangeht oder wenn sie auf der Stelle tritt, ist mein Schreibtisch wieder mit Gegenständen überladen, die manchmal nur der Zufall zusammenbringt (Heckenschere, Zollstock) oder die von einer lediglich vorübergehenden Notwendigkeit sind (Kaffeetasse). Einige bleiben lediglich für ein paar Minuten darauf, andere für einige Tage, andere wiederum, die eher zufällig hier gelandet sind, werden sich auf Dauer einrichten. Es handelt sich nicht ausschließlich um Gegenstände, die direkt mit der Schreibarbeit zu tun haben (Papier, Schreibwarenartikel, Bücher); andere sind mit täglichen Praktiken (rauchen) oder mit periodischen (schnupfen, zeichnen, Bonbons lutschen, Patiencen legen, Kreuzworträtsel lösen) verbunden, mit vielleicht abergläubischen Manien (auf einem kleinen Schiebekalender das Datum einstellen), oder sie lassen sich keiner besonderen Funktion zuordnen, höchstens vielleicht Erinnerungen oder taktilen oder visuellen Vergnügungen oder einfach nur dem Gefallen an Nippes (Schachteln, Steine, Kiesel, Soliflor-Vasen).

Im Großen und Ganzen könnte ich sagen, dass die Gegenstände, die auf meinem Schreibtisch liegen, nur deshalb dort liegen, weil mir daran liegt, dass sie dort liegen. Das hat nicht allein mit ihrer Funktion und nicht allein mit meiner Nachlässigkeit zu tun: so gibt es zum Beispiel keine Leimtube auf meinem Schreibtisch; sie befindet sich in einem kleinen Möbelstück mit Schubladen neben mir; ich habe sie vor einem Augenblick dorthin zurückgelegt, nachdem ich sie benutzt hatte; ich hätte sie auf meinem Schreibtisch liegen lassen können, aber ich habe sie fast mechanisch weggeräumt (ich sage „fast", weil ich beim Beschreiben dessen, was auf meinem Schreibtisch liegt, stärker auf die Bewegungen achte, die ich dort mache). So gibt es Gegenstände, die für meine Arbeit zwar nützlich sind, aber nicht oder nicht immer auf meinem Schreibtisch liegen (Leim, Schere, Klebeband, Tintenflasche, Heftmaschine), andere, die nicht unmittelbar nützlich sind (Briefsiegel) oder die für andere Dinge nützlich sind (Nagelfeile) oder die überhaupt nicht nützlich sind (Ammoniten) und die dennoch da liegen.

In gewisser Weise werden diese Gegenstände ausgesucht, werden anderen vorgezogen. Es ist zum Beispiel klar, dass immer ein Aschenbecher auf meinem Schreibtisch stehen wird (es sei denn, ich höre auf zu rauchen), aber es wird nicht immer derselbe Aschenbecher sein. In der Regel bleibt derselbe Aschenbecher ziemlich lange stehen; eines Tages stelle ich ihn dann auf Grund von Kriterien, die näher zu untersuchen vielleicht nicht uninteressant sein dürfte, anderswo hin (zum Beispiel neben den Tisch, auf dem ich Schreibmaschine schreibe, oder neben das Brett, auf dem meine Wörterbücher stehen, oder auf ein Regal oder in einen anderen Raum), und ein anderer Aschenbecher wird ihn verdrängen (eine eindeutige

Entkräftung dessen, was ich gerade gesagt habe: genau in diesem Augenblick stehen drei Aschenbecher auf meinem Schreibtisch, das heißt zwei, die übrigens leer sind, zuviel, der eine ist das Denkmal der Märtyrer, eine Neuanschaffung aus allerjüngster Zeit; der andere, mit einer bezaubernden Ansicht der Dächer von Ingolstadt, ist gerade erst zusammengeleimt worden; derjenige, der zur Zeit benutzt wird, hat einen Korpus aus schwarzem Kunststoff und einen weißen, durchlöcherten Metalldeckel. Beim Anschauen und Beschreiben stelle ich übrigens fest, dass sie nicht zu meinen augenblicklichen Favoriten gehören: das Denkmal der Märtyrer ist entschieden zu klein, um etwas anderes zu sein als ein Aschenbecher beim Essen, Ingolstadt ist sehr zerbrechlich, und was den schwarzen mit dem Deckel angeht, so brennen die Zigaretten, die ich hineinwerfe, endlos weiter ...).

Eine Lampe, eine Zigarettendose, eine Soliflor-Vase, ein Rauchverzehrer, eine Pappschachtel, die kleine, bunte Karteikarten enthält, ein großes Tintenfass aus Pappmaché mit Schildpattverzierungen, ein Bleistifthalter aus Glas, mehrere Steine, drei Dosen aus gedrechseltem Holz, ein Wecker, ein Schiebekalender, ein Bleiklumpen, eine große Zigarrenkiste (ohne Zigarren, aber voller kleiner Gegenstände), eine Stahlspirale, in die man unbeantwortete Briefe stecken kann, der Griff eines Dolches aus poliertem Stein, Register, Hefte, fliegende Blätter, mannigfaltige Instrumente oder Schreibutensilien, ein großes Löschkissen, mehrere Bücher, ein Glas voller Bleistifte, eine kleine Dose aus vergoldetem Holz (nichts scheint einfacher zu sein, als eine Liste aufzustellen, in Wirklichkeit ist es viel komplizierter, als es aussieht: man vergisst immer etwas, man ist versucht, usw. zu schreiben, aber eine Bestandsaufnahme ist es ja gerade dann, wenn man nicht usw. schreibt. Die zeitgenössische Literatur hat, bis auf ganz seltene Ausnahmen (Butor), die Kunst des Aufzählens vergessen:

die Listen Rabelais', die Linnésche Aufzählung der Fische in *Zwanzigtausend Meilen unter den Meeren*, die Aufzählung aller Geographen, die Australien erforscht haben, in *Die Kinder des Kapitän Grant* ...).

Bereits seit mehreren Jahren beabsichtige ich, eine Geschichte einiger Gegenstände zu schreiben, die auf meinem Schreibtisch liegen; ich habe vor bald drei Jahren den Anfang davon geschrieben; als ich ihn jetzt wieder las, stellte ich fest, dass von den sieben Gegenständen, über die ich schrieb, vier immer noch auf meinem Schreibtisch liegen (dabei bin ich inzwischen umgezogen); zwei sind ausgewechselt worden: ein Löschkissen, das ich durch ein anderes Löschkissen ersetzt habe (sie gleichen sich zwar sehr, doch das zweite ist größer), und ein Wecker mit Batterien (von dem ich bereits angemerkt habe, dass sein gewöhnlicher Platz auf meinem Nachttisch war, wo er heute steht), der von einem anderen, aufziehbaren Wecker ersetzt worden ist; der dritte Gegenstand ist von meinem Schreibtisch verschwunden: es ist ein Kubus aus Plexiglas, bestehend aus acht so miteinander verbundenen Kuben, dass er sich in eine sehr große Vielzahl von Formen verwandeln kann; ich habe ihn von François Le Lionnais geschenkt bekommen; er steht in einem anderen Zimmer, auf einer Heizungsablage, neben mehreren anderen Geduldspielen und Puzzles (eines dieser Geduldspiele steht auf meinem Schreibtisch; es ist ein doppeltes Tangram, das heißt zweimal sieben Teile aus weißem und schwarzem Kunststoff, die dazu dienen, eine nahezu unendliche Anzahl geometrischer Figuren zu bilden).

Vorher hatte ich keinen Schreibtisch, ich will damit sagen, es gab keinen Tisch eigens zum Schreiben. Auch heute kommt es noch ziemlich oft vor, dass ich in einem Café schreibe; doch zu Hause ist es äußerst selten, dass ich anderswo arbeite (schreibe) als an meinem Schreibtisch (zum Beispiel schreibe ich gewissermaßen nie im Bett), und mein Schreibtisch dient zu nichts anderem als zum Schreiben (und wieder einmal zeigt es sich, beim Schreiben dieser Wörter, dass auch das nicht ganz stimmt: zwei- oder dreimal im Jahr, wenn ich ein Fest gebe, wird mein Schreibtisch völlig leergeräumt und mit Papiertischtüchern bedeckt, – genau wie das Brett, auf dem meine Wörterbücher aufgestapelt sind, – zum Büffet).

So schreibt sich eine gewisse Geschichte meiner Vorlieben (ihre Fortdauer, ihre Entwicklung, ihre Phasen) in dieses Projekt mit ein. Genauer gesagt, ist es wieder einmal eine Art und Weise, meinen Raum abzustecken, eine etwas umständliche Annäherung an meine tägliche Erfahrung, eine Möglichkeit, über meine Arbeit zu sprechen, über meine Geschichte, über meine Sorgen, das Bestreben, etwas zu erfassen, das zu meiner Erfahrung gehört, nicht als spätere Reflexion, sondern im Augenblick ihres Zustandekommens.

Still life/Style leaf

Der Schreibtisch, an dem ich schreibe, ist ein ehemaliger Juweliertisch aus massivem Holz, der mit vier großen Schubladen versehen ist und dessen Arbeitsfläche, im Verhältnis zum überstehenden Rand leicht vertieft, wahrscheinlich, um zu verhindern, dass die Perlen, die früher darauf sortiert wurden, auf den Boden fallen, mit einem schwarzen Tuch von äußerst dichter Textur bespannt ist. Er wird von einer beweglichen Lampe aus blauem Metall mit konischem Lampenschirm beleuchtet, die durch eine Art Zwinge an einem der in die Wand eingelassenen Regale links und etwas vor dem Tisch befestigt ist. Auf der äußersten Linken des Schreibtisches stehen zwei rechteckige Ablageschalen aus dickem Glas nebeneinander. Die erste enthält ein weißliches Radiergummi, auf dem in schwarz STAEDTLER MARS PLASTIC steht, eine Nagelschere aus poliertem Stahl, ein Briefchen Streichhölzer, das eine rote Zeichnung in der Art Vasarelys auf gelb-orangenem Grund bietet, einen Taschenrechner der Marke CASIO, auf dem die Zahl 315308, umgekehrt gelesen, das Wort BOESIE buchstabiert, eine Art Schmuck, der aus zwei winzigen gekreuzten Krokodilen besteht, einen Messingfisch mit Glasaugen, dessen Bauchflosse eine Kurbel ist, mit der man das Schneider-Metermaß, das in seinem Innern verborgen ist, und dessen äußeres Ende nichts anderes ist als der bewegliche Schwanz des Tieres, auf- und abwickeln kann, sowie, aufgereiht auf einem schmalen Stück Karton, drei Medaillonpalmen, äußerst sorgfältig gearbeitete Eichenblätter und Eicheln darstellend, auf die jeweils „SEBASTOPOL", „TRAKTIR" und „ALMA" eingraviert ist. Die zweite enthält einen MULTI PURPOSE SNAP OFF BLADE CUTTER MADE IN JAPAN der Marke OLFA, eine Pinzette, ein

Wegwerffeuerzeug, auf dem L'AUTOMOBILE steht, einen dicken grünen Marker, einen Streifen Tesafilm, ein weißliches Radiergummi (ohne Inschrift), einen kleinen Kronkorkenöffner aus Stahl mit Perlmuttgriff, einen Bleistiftspitzer, ein stählernes Radiermesser, dessen Plastikgriff aus Schildpattimitation ist, und eine Reihe ziemlich gleichmäßig aus starker Pappe geschnittener kleiner Quadrate, von denen das oberste, mit dem Marker gezeichnet, den Buchstaben C trägt. Vor diesen beiden Ablageschalen findet man, von links nach rechts: einen kegelstumpfförmigen, schlicht mit zwei zartgrünen Streifen geschmückten Pyrophor, der ungefähr dreißig Schwefelhölzer enthält; einen winzigen runden Aschenbecher aus weißer Keramik, dessen Dekor, in dem das Grün dominiert, das Denkmal der Märtyrer von Beirut darstellt, das heißt, soweit die Genauigkeit der Zeichnung eine Beurteilung zulässt, im Zentrum eines von modernen Gebäuden eingerahmten, mit Zedern und Palmen verzierten Platzes, auf einem Steinsockel, dessen drei sichtbare Seiten mit Kränzen aus roten Blumen geschmückt sind, stehen drei Bronzefiguren: ein verwundeter Mann, der auf die Seite gefallen ist und sich aufzurichten versucht, indem er die Hand ausstreckt, und über ihm, auf einem Steinblock ohne klar bestimmte Form stehend, streckt eine Frau, eingehüllt in ein Kleid, dessen einer Ärmel herabbaumelt, einen Arm aus, an dessen Ende sie einen Blumenstrauß (oder eine Fackel) schwingt, während sie den anderen Arm einem Kind um die Schultern legt, das offensichtlich nur mit einem Stück Tuch um die Lenden bekleidet ist; eine halb aufgebrauchte Schachtel mit fünfzig Zigarillos der Marke NIC HAVANNA; ein Geduldsspiel, bestehend aus zwölf kleinen Einzelteilen aus Holz, die sich derart ineinander fügen, dass sie eine Kugel bilden; und einen Steingutaschenbecher, grün mit einigen rosafarbenen und braunen Einsprengseln, der die Asche und die Kippen von etwa sechs Zigarillos enthält. Auf dem linken hinteren Teil des Schreibtisches steht eine runde gedrechselte Holzdose mit einem Deckel und zwei Holzschalen: die größere der beiden, aus braunem Holz, enthält Geldstücke (vor allem französische Ein-Franc-Stücke); die kleinere, aus dunklem Holz, enthält einen Perlmuttknopf, einen Würfel aus blauem Plastik, dessen beide sichtbaren Seiten jeweils zwei und drei weiße Punkte zeigen, eine Heftklammer, eine Zeichnerklemme, auf der POSSO PARIS steht, zwei Nadeln und zwei Kupfergewichte in Form stumpfer Pyramiden, die fünfzig (250 metrische Karate) beziehungsweise zwanzig (100 metrische Karate) Gramm wiegen. Vor diesen drei Gegenständen liegen nebeneinander in einer Reihe Korallen und Minerale: ein ocker und grünlich irisierender Achat, ein roter Stein, ein Stück Koralle, das an eine Vogelkralle oder an eine dreifingrige Hand erinnert, ein anderes Korallenstückchen, das wie ein Fäustling aussieht, ein Smaragdsplitter von eher stumpfem Grün, der aus einem schwarzen, glänzenden Gestein stammt, sowie ein Block Pyrit oder Eisenkies, dessen zahllose, sehr fein gestreifte kubische Kristalle metallisch glänzen. Auf der rechten Seite des Schreibtisches, auf einem Stapel Papier von recht unüblichem Format (ungefähr 40 x 30) liegen fünf rosafarbene oder grüne, ungleichmäßig gefüllte Sammelmappen übereinander. Auf der obersten steht, mit einem schwarzen Marker geschrieben: Eilige Korresp. Vor diesem Stapel Ordner befinden sich zwei *Writing-pads*, der eine grün, der andere gelb, beide weitgehend aufgebraucht, und einige fliegende Blätter. Auf einem von ihnen, einem gelben, kann man den Anfang einer Aufzählung lesen – Newton, Prinz Albert, Tarzan und die rasenden Zahnschmerzen, Dr. Pluvian, Zahnarzt, Marienkäfer – deren Folge praktisch zur Gänze von einem anderen, weißen Blatt Papier bedeckt wird, auf dem die Buchstaben O, A, M, R und L über Linien stehen, die in verschiedene Richtungen gehen: die Linie O bleibt gerade, die Linien A und M nähern sich einander und entfernen sich dann wieder, die Linien R und L, die lange parallel waren, treffen schließlich zusammen. Der untere Teil dieses Schemas wird selbst wieder von einem in schwarzem Leder steckenden Taschenkalender verdeckt, der auf der Doppelseite, mit einem Eselsohr unten links, vom Sonntag, den 30., und Montag, den 31. März (beziehungsweise 13. Woche, St.-Amédée de S., Sonne von 6 Uhr 34 bis 19 Uhr 17 und 14. Woche, St.-Benjamin, Vollmond) aufgeschlagen ist; zwei handschriftliche Angaben stehen auf dem Taschenkalender: die eine mit Tinte – Marie anrufen – so in etwa bei 15 Uhr angebracht, die andere mit Bleistift – Marie Chaix – auf dem unteren Teil der Seite. Auf dem vorderen Teil des Schreibtischs steht ein kleines, ungefähr vierzig Zentimeter langes und vielleicht zwölf Zentimeter hohes Möbelstück aus Holz, das vier übereinander liegende Reihen mit je sechs Schubladen enthält sowie ein Oberteil, das eine Schachtel bildet. Auf dem Deckel dieses Möbelstücks liegen: rechts, ein dreidimensionales, aus zwei kleinen Holzdosen voller Parallelepipeden und Kuben ganz verschiedener Größen bestehendes Puzzle; in der Mitte ein elektronischer Quarzwecker der Marke SATEK, der im Augenblick AM 10:18 anzeigt; links ein Spiel mit dem Titel DE BONO L-GAME, das aus einem metallenen Schachbrett mit viermal vier Feldern besteht, auf denen mehrere magnetisierte Teile in den Farben blau, gelb oder grün bewegt werden können; eine bestimmte Anzahl kleiner Stahlgegenstände hängen an diesen magnetisierten Teilen: eine Reißzwecke, zwei Klemmen „Aclé“ Nr. 1, eine Rasierklinge, die auf ein schmales Stativ montiert ist, drei Büroklammern, eine Haarnadel. Links von diesem kleinen Möbelstück steht ein zylindrischer Topf aus hellgrauer Fayence, der mit zwei Girlanden aus blauen Blumen geschmückt ist, zwischen denen CAFÉ geschrieben steht, und der mit etwa dreißig schwarzen Bleistiften, farbigen Bleistiften, Filzstiften,

Füllern und verschiedenen Utensilien gefüllt ist: einer Papierschere, einem Brieföffner, einem Cutter, einem Bleistifthalter. Rechts ist ein hohes, gerades Glas mit dickem Boden teilweise mit kleinen Glasmurmeln gefüllt, in denen zehn Federhalter stecken. Im Vordergrund liegt, sich deutlich vom schwarzen Tuch des Schreibtisches abhebend, ein kariertes Blatt Papier vom Format 21 x 29,7, das fast ganz mit einer übertrieben engen Schrift bedeckt ist und auf dem man lesen kann: Der Schreibtisch, an dem ich schreibe, ist ein ehemaliger Juweliertisch aus lackiertem Holz, der mit vier großen Schubladen versehen ist und dessen Arbeitsfläche, im Verhältnis zum überstehenden Rand leicht vertieft, wahrscheinlich, um zu verhindern, dass die Perlen, die darauf früher sortiert wurden, auf den Boden fallen, mit einem schwarzen Tuch von sehr feiner Textur bespannt ist. Er wird von einer beweglichen Lampe aus blauem Metall mit konischem Lampenschirm beleuchtet, die durch eine Art Zwinge an einem der in die Wand eingelassenen Regalbretter links und etwas vor dem Tisch befestigt ist. Auf der äußersten Linken des Schreibtisches stehen zwei rechteckige Federkästen aus dickem Glas nebeneinander. Der erste enthält ein weißliches Radiergummi, auf dem in schwarz STAEDTLER MARS PLASTIC steht, eine Nagelschere aus poliertem Stahl, ein Briefchen Streichhölzer, das eine rote Zeichnung in der Art Vasarelys auf gelb-orangenem Grund zeigt, einen Taschenrechner der Marke CASIO, auf dem die Zahl 35079, umgekehrt gelesen, das Wort GLOSE buchstabiert, eine Art Schmuck, der aus zwei winzigen gekreuzten Krokodilen besteht, einen Fisch aus vergoldetem Metall mit Glasaugen, dessen Bauchflosse eine Kurbel ist, mit der man das Schneider-Metermaß, das in seinem Innern verborgen ist, und dessen äußeres Ende nichts anderes ist als der bewegliche Schwanz des Tieres, auf- und abwickeln kann, sowie, aufgereiht auf einem schmalen Streifen Karton, drei Medaillonpalmen, äußerst sorgfältig gearbeitete Eichenblätter und Eicheln darstellend, auf die jeweils „SEBASTOPOL“, „TRAKTIR“ und „ALMA“ eingraviert ist. Die zweite enthält einen MULTI PURPOSE SNAP OFF BLADE CUTTER MADE IN JAPAN der Marke OLFA, eine sehr feine Pinzette, ein Wegwerffeuerzeug, auf dem L'AUTOMOBILE steht, einen dicken grünen Marker, eine Rolle Tesafilm, ein weißliches Radiergummi (ohne Inschrift), einen kleinen Flaschenöffner aus Stahl mit Perlmuttgriff, einen Bleistiftspitzer, ein stählernes Radiermesser, dessen Plastikgriff aus Schildpattimitation ist, und ein Stapel ziemlich gleichmäßig aus starker Pappe geschnittener kleiner Quadrate, von denen das oberste, mit dem Marker gezeichnet, den Buchstaben C trägt. Vor diesen beiden Ablageschalen findet man, von links nach rechts: einen kegelstumpfförmigen, nur mit zwei zartgrünen Streifen geschmückten Pyrophor, der ungefähr dreißig Phosphorzündhölzer enthält; einen winzigen runden Aschenbecher, aus weißer Keramik, dessen Dekor, in dem das Grün dominiert, das Denkmal der Märtyrer von Beirut darstellt, das heißt, soweit die Genauigkeit der Zeichnung eine Beurteilung zulässt, in der Mitte eines von modernen Gebäuden eingerahmten, mit Zedern und Palmen bepflanzten Platzes, auf einem Steinsockel, dessen drei sichtbare Seiten mit Kränzen aus roten Blumen geschmückt sind, stehen drei Bronzefiguren: ein sterbender Mann, der auf die Seite gefallen ist und sich aufzurichten versucht, indem er die Hand ausstreckt, und über ihm, auf einem Steinblock ohne klar bestimmte Form stehend, streckt eine Frau, eingehüllt in ein Kleid, dessen einer Ärmel zu schweben scheint, einen Arm aus, an dessen Ende sie eine Fackel (oder einen Blumenstrauß) schwingt, während sie den anderen Arm einem Kind um die Schultern legt, das offensichtlich nur mit einem Stück Tuch um die Lenden bekleidet ist; eine weitgehend aufgebrauchte Schachtel mit fünfzig Zigarillos der Marke NIC HAVANNA; ein Geduldsspiel, bestehend aus zwölf kleinen Einzelteilen aus Holz, die sich ineinander fügen, um eine Kugel zu bilden; und einen Steingutaschenbecher, grün mit einigen rosafarbenen und braunen Einsprengseln, der die Asche und die Kippen von etwa acht Zigarillos enthält. Auf dem linken hinteren Teil des Schreibtisches steht eine runde gedrechselte Holzdose mit einem Deckel und zwei Holzschalen: die größere der beiden, aus braunem Holz, enthält Kleingeld (vor allem französische Ein-Franc-Stücke); die kleinere, aus dunklem Holz, enthält einen Perlmuttknopf, einen Würfel aus blauem Plastik, dessen beide sichtbaren Seiten jeweils zwei und drei weiße Punkte zeigen, eine Heftklammer, eine Klemme aus schwarzem Metall, auf der POSSO PARIS steht, zwei Nadeln und zwei Kupfergewichte in Form stumpfer Pyramiden, die fünfzig (250 metrische Karate) beziehungsweise zwanzig (100 metrische Karate) Gramm wiegen. Vor diesen drei Gegenständen liegen nebeneinander in einer Reihe Korallen und Minerale: ein ocker, gelb und grünlich irisierender Achat, ein roter Stein, ein Stück Koralle, das an eine Vogelklaue oder an eine dreifingrige Hand erinnert, ein anderes Korallenstückchen, das wie ein Fäustling aussieht, ein Smaragdsplitter von eher stumpfem Grün, der aus einem glänzend schwarzen Gestein stammt, sowie ein Block Pyrit oder Eisenkies, dessen zahllose, sehr fein gestreifte kubische Kristalle metallisch glänzen. Auf der äußersten rechten Seite des Schreibtisches, auf einem Stapel Papier von recht unüblichem Format (ungefähr 40 x 30) liegen fünf rosafarbene oder grüne, mehr oder weniger dicke Sammelmappen übereinander. Auf der obersten steht, mit einem schwarzen Marker geschrieben: Eilige Korresp. Vor diesem Stapel Ordner befinden sich zwei *Writing-pads*, der eine grün, der andere gelb, beide mehr als zur Hälfte aufgebraucht, und einige fliegende Blätter. Auf einem von ihnen, einem gelben, kann man den Anfang einer Liste lesen – Newton, Prinz Albert, Tarzan und die rasenden

Zahnschmerzen, Dr. Pluvian, Zahnarzt, Marienkäfer –, deren Folge praktisch zur Gänze von einem anderen, weißen Blatt Papier bedeckt wird, auf dem die Buchstaben O, A, M, R und L auf Linien sitzen, die in verschiedene Richtungen gehen: die Linie O bleibt gerade, die Linien A und M berühren sich leicht und entfernen sich dann wieder, die Linien R und L, die lange parallel waren, treffen schließlich zusammen. Der untere Teil dieses Schemas wird selbst wieder von einem in schwarzem Leder steckenden Taschenkalender verdeckt, der auf der Doppelseite, mit einem abgerissenen Eselsohr unten links, vom Sonntag, den 30., und Montag, den 31. März (beziehungsweise 13. Woche, St.-Amédée de S., Sonne von 6 Uhr 34 bis 19 Uhr 17 und 14. Woche, St.-Benjamin, Vollmond) aufgeschlagen ist; zwei handschriftliche Angaben stehen auf der Seite vom Sonntag: die eine mit Tinte – Marie anrufen – so in etwa bei 15 Uhr angebracht, die andere mit Bleistift – Marie Chaix – ganz unten auf der Seite. Auf dem vorderen Teil des Schreibtischs steht ein kleines, etwa vierzig Zentimeter langes und vielleicht zwölf Zentimeter hohes Möbelstück aus Holz, das vier übereinander liegende Reihen mit je sechs Schubladen enthält sowie ein Oberteil, das eine Schachtel bildet. Auf dem Deckel dieses Möbelstücks liegen: rechts, ein dreidimensionales, aus zwei kleinen Holzdosen voller Kuben und Parallelepipeden ganz verschiedener Größen bestehendes Puzzle; in der Mitte ein elektronischer Quarzwecker der Marke SATEK, der im Augenblick PM 12:50 anzeigt; links ein Spiel mit dem Titel DE BONO L-GAME, das aus einem metallenen Schachbrett mit viermal vier Feldern besteht, auf denen mehrere magnetisierte Spielsteine in den Farben blau, gelb oder grün bewegt werden können; eine bestimmte Anzahl kleiner Stahlgegenstände hängen an diesen magnetisierten Figuren: eine Reißzwecke, zwei Klemmen „Aclé“ Nr. 1, eine Rasierklinge, die auf ein schmales Stativ montiert ist, drei Büroklammern, eine

Haarnadel. Links von diesem kleinen Möbelstück steht ein zylindrischer Topf aus cremeweißer Fayence, der mit zwei Girlanden aus blauen Blumen geschmückt ist, zwischen denen CAFÉ geschrieben steht, und der mit etwa dreißig schwarzen Bleistiften, farbigen Bleistiften, Filzstiften, Füllern und verschiedenen Utensilien gefüllt ist: einer Schere, einem Brieföffner, einem Cutter, einem Bleistifthalter. Rechts ist ein hohes, gerades Glas mit dickem Boden teilweise mit kleinen Glasmurmeln gefüllt, in denen zehn Federhalter stecken. Im Vordergrund liegen, sich deutlich vom schwarzen Tuch des Schreibtisches abhebend, ein Blatt Karo-Papier vom Format 21 x 29,7, das fast ganz mit einer übertrieben engen Schrift bedeckt ist, und ein Füller aus vergoldetem Metall, dessen Korpus und dessen Kappe in der ganzen Länge mit einer feinen Riffelung verziert sind.

„Denken/Ordnen“

D) Kurze Inhaltsangabe

Kurze Inhaltsangabe – Methoden – Fragen – Wortschatzübungen – Die Welt als Puzzle – Utopien – Zwanzigtausend Meilen unter den Meeren – Vernunft und Denken – Die Eskimos – Die Weltausstellung – Das Alphabet – Die Klassifizierungen – Die Hierarchien – Wie ich ordne – Borges und die Chinesen – Sei Shônagon – Die unsagbaren Freuden der Aufzählung – Das Buch der Rekorde – Niedrigkeit und Unterlegenheit – Das Lexikon – Jean Tardieu – Wie ich denke – Über Aphorismen – „In einem Netz von Linien, die sich überschneiden“ – Verschiedenes – ?

A) Methoden

Selbstverständlich habe ich im Verlaufe der verschiedenen Phasen dieser Arbeit – in Hefte oder auf fliegende Blätter gekritzelte Notizen, übernommene Zitate, „Ideen“, siehe, vgl., usw., – die kleinen Haufen zusammengetragen, wie kleines b, GROSSES I, drittens, zweiter Teil. Als es dann darum ging, diese Elemente zusammenzustellen (und sie mussten zusammengestellt werden, damit dieser „Artikel“ eines Tages endlich einmal aufhört, nur ein unbestimmtes und regelmäßig auf kommende, weniger arbeitsreiche Tage hinausgeschobenes Projekt zu bleiben), ist schnell klargeworden, dass es mir nie gelingen würde, sie zu einer Abhandlung zu ordnen.

Fast sieht es so aus, als ob sich die Bilder und Ideen, die mir gekommen sind – so schillernd und vielversprechend sie mir zu Anfang auch erschienen sein mochten, einzeln oder je zu zweien einander entgegengesetzt – sofort, im imaginären Raum meiner noch unbeschriebenen Blätter, wie Spielsteine (oder Kreuze), von einem mittelmäßigen Fünf-in-eine-Reihe-Spieler verteilt, auf dem Liniennetz dieser Blätter aufgestellt hätten, ohne dass es mir je gelungen wäre, fünf von ihnen durch eine gerade Linie zusammenzubringen.

Diese diskursive Schwäche liegt nicht nur an meiner Faulheit (und hat auch nichts damit zu tun, dass ich meine Schwierigkeiten mit dem Fünf-in-eine-Reihe-Spiel habe); sie hängt eher mit dem zusammen, was ich eigentlich mit diesem mir vorgeschlagenen Thema habe einkreisen, wenn nicht gar erfassen wollen. Als hätte das durch dieses „DENKEN/ORDNEN" ausgelöste Hinterfragen das zu Denkende und das zu Ordnende auf eine Weise in Frage gestellt, dass mein „Denken" sich nur zersplitternd, verzettelnd und unaufhörlich auf die Fragmentierung zurückkommend, die es ordnen zu wollen vorgab, darüber nachdenken konnte.

Was zum Vorschein kam, gehörte völlig in den Bereich des Verschwommenen, des Unentschlossenen, des Flüchtigen, des Unvollendeten, und ich habe mich schließlich dafür entschieden, diesen formlosen Bruchstücken ihren zögernden und ratlosen Charakter zu erhalten, habe darauf verzichtet, so zu tun, als wollte ich sie auf etwas hin ordnen, das mit vollem Recht den Anschein (und die Verführung) eines Artikels gehabt hätte, mit einem Anfang, einer Mitte und einem Ende.

Vielleicht bedeutet dies, auf die mir gestellte Frage zu antworten, noch bevor sie gestellt wurde. Vielleicht bedeutet es, sich davor zu hüten, die Frage zu stellen, um nicht darauf antworten zu müssen. Vielleicht bedeutet es, sich dieser alten Redefigur, die man *Ausrede* nennt, und bei der man sich, anstatt das zu lösende Problem anzugehen, damit begnügt, auf Fragen mit Gegenfragen zu antworten und sich damit jedes

Mal hinter eine mehr oder weniger vorgeschobene Inkompetenz flüchtet, bis zum Überdruss zu bedienen.

Vielleicht bedeutet es aber auch, darauf hinzuweisen, dass die Frage eben ohne Antwort ist, das heißt, den Gedanken auf das ihn begründende Ungedachte zurückzuverweisen, so wie das Geordnete auf das nicht zu Ordnende (das Unnennbare, das Unsagbare), das zu verbergen es sich unablässig bemüht ...

N) Fragen

Denken/Ordnen

Was bedeutet der Schrägstrich?

Was fragt man mich eigentlich? Ob ich denke, bevor ich ordne? Ob ich ordne, bevor ich denke? Wie ich das ordne, was ich denke? Wie ich denke, wenn ich ordnen will?

S) Wortschatzübungen

Wie könnte man die folgenden Verse einordnen: anordnen, anweisen, aufräumen, aufzählen, ausschneiden, beziffern, katalogisieren, klassifizieren, ordnen, staffeln, umschichten, umstellen, verzeichnen, zerteilen, zusammenfassen, zusammenstellen?

Sie sind hier in alphabetischer Reihenfolge angeordnet.

Die Verben können nicht alle Synonyme sein; warum bräuchte man auch sechzehn Wörter, um die gleiche Handlung zu beschreiben? Also sind sie verschieden. Aber wie soll man sie alle unterscheiden? Manche widersetzen sich von selbst, wobei sie sich zugleich auf etwas weitgehend Identisches beziehen, zum Beispiel ausschneiden, das die Vorstellung eines Ganzen beschwört, das in unterschiedliche Elemente zerteilt werden muss, oder umstellen, das die Vorstellung verschiedener Elemente beschwört, die in einem Ganzen neu geordnet werden müssen.

Andere legen neue Verben nahe (zum Beispiel: unterteilen, verteilen, unterscheiden, charakterisieren, bezeichnen, bestimmen, abheben, entgegensetzen, usw.) und verweisen uns auf dieses anfängliche Gestammel, in dem das mühsam zum Ausdruck gebracht wird, was wir das Lesbare nennen können (was unsere Geistestätigkeit lesen, begreifen, verstehen kann).

U) Die Welt als Puzzle

Man teilt die Pflanzen in Bäume,
Blumen und Gemüse ein.
Stephen Leacock

Es ist so verführerisch, die ganze Welt nach einem einzigen Code aufteilen zu wollen; ein allgemeines Gesetz würde demnach die Gesamtheit aller Phänomene regeln: zwei Hemisphären, fünf Kontinente, männlich und weiblich, tierisch und pflanzlich, singular plural, rechts links, vier Jahreszeiten, fünf Sinne, sechs Vokale, sieben Wochentage, zwölf Monate, sechsundzwanzig Buchstaben.

Leider funktioniert das nicht, es hat nicht einmal zu funktionieren angefangen, es wird nie funktionieren.

Trotzdem wird man auch weiterhin noch lange dieses oder jenes Tier danach einteilen, ob es eine ungerade Anzahl von Zehen oder gebogene Hörner hat.

R) Utopien

Alle Utopien sind deprimierend, weil sie dem Zufall, dem Unterschied, dem „Diversen“ keinen Platz lassen. Alles ist geordnet worden, und es herrscht Ordnung.

Hinter jeder Utopie steht immer eine große taxonomische Absicht: ein Platz für jedes Ding und jedes Ding an seinen Platz.

E) Zwanzigtausend Meilen unter den Meeren
Conseil kann die Fische EINTEILEN.
Ned Land kann die Fische ZERTEILEN.
Conseil stellt den Katalog der Fische auf, er ist vernünftig, und
Ned Land kontrolliert das künftig.

L) Vernunft und Denken

Welche Beziehung besteht eigentlich zwischen der Vernunft und dem Denken (unabhängig von der Tatsache, dass es die Titel zweier philosophischer Zeitschriften gewesen sind)? Die Lexika helfen uns kaum weiter bei der Antwort; zum Beispiel im *Petit Robert* Denken = alles, was mit dem Bewusstsein zu tun hat, und Vernunft = die Fähigkeit zu denken; man würde viel leichter, scheint mir, eine Beziehung oder einen Unterschied zwischen den beiden Begriffen herausfinden, wenn man die Adjektive untersuchen würde, mit denen sie sich schmücken können: ein Gedanke kann bewegt sein, tief, banal oder frei; die Vernunft kann ebenfalls tief sein, aber auch sozial, rein, vollkommen, menschlich, man kann sie walten lassen und gegen sie handeln.

I) Die Eskimos

Die Eskimos, hat man mir versichert, haben keinen Gattungsnamen, um das Eis zu bezeichnen; sie haben mehrere Wörter (ich habe die genaue Anzahl vergessen, aber ich glaube, es sind viele, so etwas wie ein Dutzend), die speziell das jeweils verschiedene Aussehen bezeichnen, das das Wasser in seinem völlig flüssigen Zustand und bei den verschiedenen

Manifestationen seiner mehr oder weniger starken Erstarrung hat.

Es ist natürlich schwierig, in unseren Sprachen ein entsprechendes Beispiel zu finden; es ist möglich, dass die Eskimos nur ein Wort haben, um den Raum zu bezeichnen, der ihre Iglus voneinander trennt, während wir in unseren Städten mindestens sieben haben (Straße, Avenue, Boulevard, Platz, Gehweg, Sackgasse, Gässchen) und die Engländer mindestens zwanzig (street, avenue, crescent, place, road, row, lane, mews, gardens, terrace, yard, square, circus, grove, court, greens, houses, gate, ground, way, drive, walk), aber wir haben trotzdem einen Namen („Verkehrsader“ zum Beispiel), der sie alle mit einschließt. Ebenso wird uns ein Konditor, wenn wir mit ihm über das Kochen des Zuckers reden, zu Recht zur Antwort geben, dass er uns nicht verstehen könne, wenn wir ihm nicht den gewünschten Grad (kleiner Faden, großer Faden, schwacher Flug usw.) des gekochten Zuckers angeben, doch der Begriff „Zuckerkocherei“ selbst ist für ihn etwas ganz Selbstverständliches.

G) Die Weltausstellung

Die während der großen Weltausstellung von 1900 ausgestellten Gegenstände waren in 18 Gruppen und 121 Kategorien eingeteilt.

„Die Produkte“, schrieb Monsieur Picard, Hauptorganisator der Ausstellung, „müssen sich dem Besucher in einer logischen Ordnung und Reihenfolge anbieten, die Einstufung muss einem einfachen, klaren und genauen Konzept entsprechen, das seine Philosophie und seine Rechtfertigung in sich selber trägt und die ihm zugrundeliegende Idee muss mühelos aus ihm hervorgehen.“

Liest man das von Monsieur Picard aufgestellte Programm, so wird vor allem deutlich, dass die ihm zugrundeliegende Idee eine zu schlichte Idee war.

Eine banale Metapher rechtfertigt den der Erziehung und dem Unterricht eingeräumten ersten Platz: „Damit *tritt* der Mensch ins Leben *ein*." Anschließend kommen die Kunstwerke, weil man ihnen „ihren Ehrenrang" bewahren muss. „Gründe der gleichen Art" führen dazu, dass die „allgemeinen Instrumente und Verfahren der Literatur und der Künste" den 3. Platz einnehmen. In der 16. Kategorie findet man, ich frage mich warum, die Medizin und die Chirurgie (Zwangsjacken der Irren, Krankenbetten, Krücken und Holzbeine, Besteckstasche der Militärärzte, Hilfsmaterial des Roten Kreuzes, Hilfsapparate für Ertrinkende und Erstickende, Gummiapparate der Firma Bognier und Burnet usw.).

Von der 4. bis zur 14. Gruppe folgen die Kategorien aufeinander, ohne dass dabei eindeutig die Idee eines Systems zutage tritt. Zwar lässt sich noch einigermaßen gut erkennen, wie die Gruppen 4, 5 und 6 (Mechanik; Elektrizität; Hoch- und Tiefbau und Transportmittel) sowie die Gruppen 7, 8 und 9 (Landwirtschaft, Gartenbau und Baumschulen; Wälder, Jagd und Fischzucht) angelegt sind, aber dann geht es wirklich in alle Richtungen:

Gruppe 10: Nahrungsmittel
Gruppe 11: Gruben und Metallurgie
Gruppe 12: Einrichtung und Mobiliar der öffentlichen Gebäude und der Wohnungen
Gruppe 13: Garne, Gewebe, Kleidung
Gruppe 14: Chemische Industrie

Die 15. Gruppe ist, wie sich das gehört, all dem gewidmet, das in den vierzehn anderen keinen Platz gefunden hat, das heißt den „verschiedenen Industrien" (Papierherstellung; Schneidwarenindustrie; Goldschmiedekunst; Juweliers- und

Schmuckwarenkunst; Uhrmacherkunst; Bronze- und Gusswaren, Kunstschmiedearbeiten; Bürstenwaren, Lederwarenindustrie, Drechslerhandwerk und Korbflechterei; Gummiwaren und Guttapercha; Nippsachen).

Die 16. Gruppe (soziales Wirtschaftssystem sowie Gesundheitswesen und Jugendfürsorge) ist nur da, weil sie (das soziale Wirtschaftssystem) „*ganz natürlich* (von mir hervorgehoben) hinter den verschiedenen Zweigen der künstlerischen, landwirtschaftlichen oder industriellen Produktion kommen sollte, (da) sie zusammen mit der Philosophie ihre Folge ist."

Die 17. Gruppe ist der „Kolonialisierung" gewidmet; es ist eine neue Gruppe (im Verhältnis zur Ausstellung von 1889), deren „Schaffung weitgehend durch das koloniale Expansionsbedürfnis gerechtfertigt wird, das alle zivilisierten Völker verspüren".

Den letzten Platz schließlich nehmen ganz einfach die Land- und Seestreitkräfte ein.

Die Verteilung der Produkte innerhalb dieser Gruppen und ihrer Kategorien bereitet zahllose Überraschungen, auf die im Einzelnen einzugehen unmöglich ist.

T) Das Alphabet

Ich habe mich mehrmals gefragt, welche Logik der Verteilung der 6 Vokale und der zwanzig Konsonanten in unserem Alphabet zugrunde lag: warum zuerst das A und dann das B und dann das C usw.?

Die offensichtliche Unmöglichkeit einer jeglichen Antwort auf diese Frage hat anfänglich etwas Beruhigendes: die alphabetische Reihenfolge ist willkürlich, nichtssagend und folglich neutral: objektiv gesehen ist A nicht mehr wert als B, das ABC ist kein Zeichen der Vortrefflichkeit, sondern nur eines Anfangs (das ABC des Berufs).

Aber offenbar genügt es, dass es eine Ordnung gibt, damit sich der Platz der Elemente in der Reihe früher oder später und mehr oder weniger allmählich mit einem qualifikativen Koeffizienten auflädt: so wird ein Film der Serie „B“ als weniger gut angesehen als ein anderer Film, bei dem übrigens niemand je auf den Gedanken gekommen wäre, ihn Film für die Serie „A“ zu nennen; so will ein Zigarettenhersteller, der auf seine Packungen „Class A“ aufdrucken lässt, uns damit zu verstehen geben, dass seine Zigaretten besser sind als andere.

Der alphabetische Qualitätskodex besitzt keine große Auswahl; es gibt in Wahrheit nur drei Elemente:

A = ausgezeichnet

B = weniger gut

C = Null (Film der Serie „Z“).

Trotzdem ist es ein Kodex, und er stülpt einer zwangsläufig indifferenten Reihe ein ganzes hierarchisches System über.

Aus ziemlich verschiedenen Gründen, die dennoch unseren Absichten nahekommen, wird man feststellen, dass zahlreiche Gesellschaften sich bemühen, zu Abkürzungen ihres Firmennamens von der Art zu kommen wie „AAA“, „ABC“, „AAAC“ usw., so dass sie in den Telefonbüchern und Firmenadressbüchern unter den ersten stehen.

Hingegen liegt es für einen Gymnasialschüler ganz in seinem Interesse, einen Namen zu haben, dessen Anfangsbuchstabe sich in der Mitte des Alphabets befindet: damit hat er etwas mehr Glück, nicht befragt zu werden.

C) Die Kassifizierungen

Es gibt einen taxonomischen Schwindel. Ich empfinde ihn jedes Mal, wenn mein Blick auf einen Hinweis der Allgemeinen Dezimalklassifikation (DK) fällt. Durch welche Aufeinanderfolge von Wundern ist man dazu gekommen, praktisch in der ganzen Welt darin übereinzustimmen, dass

668.184.2.099

die Fertigung der Toilettenseife bezeichnen soll und

629.1.018-465

die Hupen für Sanitätsfahrzeuge, während:

621.3.027.23

612.436:382

616.24-002.5-084

796.54

913.15

jeweils: nicht über 50 Volt hinausgehende Spannungen, den Außenhandel für Dieselmotoren, die Prophylaxe der Tuberkulose, das Zelten und die ehemalige Geographie Chinas und Japans bezeichnen!

O) Die Hierarchien

Es gibt Unterbekleidung, Bekleidung und Oberbekleidung, und zwar ohne jegliche Vorstellung einer Hierarchie. Aber wenn es auch Offiziere und Unteroffiziere, Untermenschen und Untergebene gibt, so gibt es praktisch nie Überoffiziere oder Superoffiziere; das einzige Beispiel, das ich ausgemacht habe, ist das des „Surintendant“, also Oberintendanten, was im alten Frankreich so viel wie Finanzminister bedeutete; auf eine noch viel bezeichnendere Weise gibt es in der höheren französischen Verwaltung Unterpräfekten, über den Unterpräfekten Präfekte, und über den Präfekten nicht etwa Überpräfekte oder Superpräfekte, sondern, mit einem barbarischen Akronym gekennzeichnet, das man allen Anschein nach gewählt hat, um damit anzuzeigen, dass es sich um hohe Tiere handelt, nämlich „IGAMES“[6].

Manchmal bleibt der „Unter“ auch noch dann, wenn der „Ober“ längst einen anderen Namen hat; im französischen Bibliothekswesen zum Beispiel gibt es keine Bibliothekare mehr; man nennt sie Konservatoren und teilt sie in Klassen ein (Konservator zweiter Klasse, erster Klasse, außerordentlicher Klasse und Chefkonservator); hingegen beschäftigt man auf den unteren Rängen nach wie vor Unter- und Hilfsbibliothekare.

P) Wie ich ordne

Mein Problem mit dem Ordnen ist, dass es nicht lange anhält; kaum habe ich Ordnung in etwas gebracht, ist diese Ordnung auch schon überholt.

Wie vermutlich alle überfällt mich manchmal die Aufräumwut; die Überfülle der aufzuräumenden Dinge, die Unmöglichkeit, sie nach wirklich zufriedenstellenden Kriterien zu verteilen, führt dazu, dass ich nie damit fertig werde, dass ich mich bei provisorischen und unklaren Ordnungen aufhalte, die kaum wirkungsvoller sind als die ursprüngliche Anarchie.

Das Ergebnis all dessen führt wirklich zu seltsamen Kategorien; zum Beispiel eine Sammelmappe mit den verschiedensten Papieren, auf der steht „EINZUORDNEN“; oder eine Schublade mit einem Etikett „DRINGEND 1“, die nichts enthält (in der Schublade „DRINGEND 2“ sind alte Fotos, in der Schublade „DRINGEND 3“ neue Hefte).

Kurzum, ich sehe zu, wie ich zurechtkomme.

---

6 IGAMES: Abkürzung für Inspecteur général de l‘Administration en mission extraordinaire = Generalinspektor der Verwaltung in außerordentlicher Mission.

F) Borges und die Chinesen

„A) dem Kaiser gehörend, B) einbalsamiert, C) gezähmt, D) Spanferkel, E) Sirenen, F) sagenhaft, G) frei umherlaufende Hunde, H) eingeschlossen in der vorliegenden Klassifizierung, I) die sich wie Verrückte aufführen, J) unzählige, K) gezeichnet mit einem sehr feinen Kamelhaarpinsel, L) et cetera, M) die gerade den Krug zerbrochen haben, N) die von weitem Fliegen ähneln."

Michel Foucault hat diese „Klassifizierung" der Tiere, die Jorge Luis Borges in „Enquêtes" einer gewissen chinesischen Enzyklopädie zuschreibt, die ein angeblicher Doktor Franz Kuhn in der Hand gehabt haben soll, höchst populär gemacht. Die Überfülle der Mittelsmänner und der nur allzu bekannte Gefallen Borges' an zweideutiger Gelehrsamkeit erlauben es, sich die Frage zu stellen, ob dieser ein wenig allzu vollkommene und verblüffende Heteroklismus nicht zuallererst ein Kunstgriff ist. Einfache Interpunktionen in alleroffiziellsten Verwaltungstexten genügen schon, eine fast ebenso verblüffende Aufzählung hervorzurufen:

A) Tiere, auf die man wettet, B) Tiere, die vom 1. April bis zum 15. September nicht bejagt werden dürfen, C) gestrandete Wale, D) Tiere, die nur nach einer Quarantäne auf das nationale Hoheitsgebiet gelassen werden, E) Tiere als Miteigentum F) ausgestopfte Tiere, G) et cetera[7] H) Tiere, die die Lepra übertragen können, I) Blindenhunde, K) Tiere, die in Kabinen transportiert werden können, L) entlaufene Hunde ohne Halsband, M) Esel, N) vermutlich trächtige Stuten.

---

7 Dieses *et cetera* hat nichts Überraschendes an sich; es ist lediglich seine Stellung in der Liste, die es seltsam macht.

H) Sei Shônagon

Sei Shônagon[8] ordnet nicht; sie zählt auf und beginnt wieder von vorn. Ein Thema führt zu einer Liste, zu einfachen Aussagen oder Anekdoten. Etwas später bringt ein fast identisches Thema eine andere Liste hervor und so fort; so gelangt man zu Reihen, die man zusammenfassen kann; zum Beispiel die anrührenden „Dinge“ (Dinge, bei denen das Herz zu schlagen beginnt, Dinge, die man manchmal mit größerer Erregung hört als gewöhnlich, Dinge, die zutiefst anrühren), oder in der Reihe der unangenehmen „Dinge“:

traurige Dinge
hassenswerte Dinge
ärgerliche Dinge
lästige Dinge
peinliche Dinge
mit Angst erfüllende Dinge
bekümmernd erscheinende Dinge
unangenehme Dinge
unangenehm anzusehende Dinge

Ein Hund, der den ganzen Tag lang bellt, ein Entbindungszimmer, in dem das Baby gestorben ist, eine Glut ohne Feuer, ein Bauer, der seinen Ochsen hasst, gehören zu den traurigen Dingen; unter den hassenswerten Dingen findet man: ein Säugling, der genau in dem Augenblick schreit, in dem man etwas hören möchte, Raben, die sich versammeln und auf ihrem Flug krächzen, und Hunde, die lange zusammen immer

8 Sei Shônagon *Notes de Chevet* (*Das Kopfkissenbuch*), Gallimard, coll. Connaissance de l'Orient (Kenntnisse des Orients), 1966.

lauter heulen; unter den Dingen, die bekümmernd erscheinen: die Amme eines Säuglings, der in der Nacht weint; unter den unangenehm anzusehenden Dingen: der Wagen eines hohen Würdenträgers, dessen Innenvorhänge schmutzig zu sein scheinen.

V) Die unsagbaren Freuden der Aufzählung

In jeder Aufzählung finden wir zwei widersprüchliche Versuchungen; die erste besteht darin, ALLES zu erfassen, die zweite darin, wenigstens einiges zu vergessen; die erste möchte die Frage endgültig abschließen, die zweite sie offen lassen; zwischen dem Erschöpfenden und dem Unvollendeten scheint mir somit die Aufzählung vor jedem Gedanken (und vor jeder Einordnung) das eigentliche Erkennungszeichen für dieses Bedürfnis zu sein, alles zu benennen und miteinander zu verbinden, ohne das die Welt („das Leben") für uns orientierungslos bleiben würde: es gibt unterschiedliche Dinge, die sich dennoch ein wenig ähneln; man kann sie in Reihen zusammenfügen, innerhalb derer es möglich ist, sie zu unterscheiden.

In der Vorstellung, dass nichts auf der Welt einzigartig genug ist, um nicht in eine Liste aufgenommen zu werden, liegt etwas zugleich Mitreißendes und Erschreckendes. Man kann zahlenmäßig alles erfassen: die Tasso-Ausgaben, die Inseln an der atlantischen Küste, die für die Herstellung eines Birnenkuchens notwendigen Zutaten, die Hauptreliquien, die männlichen Substantive, deren Plural weiblich ist (Amours, Délices und Orgues), die Endrundenteilnehmer von Wimbledon oder auch, hier ganz willkürlich auf zehn begrenzt:

1) die Familiennamen von Brûs Schwager:

Bolucra
Bulocra
Brelugat
Brolugat
Botugat
Broduga
Bretoga
Butaga
Brétaga

2) die Flurnamen der Umgebung von Palaiseau:

Die Tonerde
Die Poulin-Wiese
Der Priester-Graben
Die Drei-Morgen
Die Röhrichte
Die Gehege
Der Park-von-Adenay
Die Georgerie
Der Feinsand
Die Pflanzen

3) die Schmerzen des Herrn Zachary McCaltex:

Schwindlig geworden durch den Duft von
6000 Dutzend Rosen
Schneidet er sich den Fuß an einer Konservendose auf

Wird von einer Katze halb aufgefressen
Postalkoholische Para-Amnesie
Nicht zu unterdrückender Schlaf
Wird beinahe von einem Lastwagen überfahren
Erbricht sein Essen
Fünfmonatiges Gerstenkorn
Schlaflosigkeit
Krankhafter Haarausfall

M) Das Buch der Rekorde

Die vorhergehenden Listen sind in keiner Weise geordnet, weder alphabetisch noch chronologisch noch logisch; unglücklicherweise sind heute die meisten Listen Siegerlisten: nur die Ersten existieren; schon seit langem werden Bücher, Schallplatten, Filme, Fernsehsendungen nur noch danach beurteilt, welchen Platz sie bei den Kassenerfolgen (oder in der Hit-Parade) einnehmen; kürzlich hat sogar die Zeitschrift *Lire* „das Denken klassifiziert", indem sie nach einer Umfrage darüber entschied, welche Intellektuellen heute den größten Einfluss ausüben.

Wenn man schon die Rekorde zahlenmäßig erfasst, sollte man sie jedenfalls auf Gebieten suchen, die etwas exzentrischer sind (im Hinblick auf das Thema, das uns beschäftigt): David Maund besitzt 6506 Miniaturflaschen; Robert Kaufman 7495 Zigarettensorten; Ronald Rose hat einen Champagnerkorken 31 Meter weit fliegen lassen; Isao Tsychiya hat in einer Stunde 233 Personen rasiert und Walter Cavanagh besitzt 1003 gültige Kreditkarten.

X) Niedrigkeit und Unterlegenheit

Auf Grund welchen Komplexes haben Seine und Charente Wert darauf gelegt, „maritime" zu werden, damit sie nicht mehr „Untere Seine, untere Charente" sein müssen? Ebenso sind die „niederen" Pyrenäen „atlantisch" geworden, die „niederen" Alpen sind „Haute-Provence" (Hoch-Provence) geworden und die untere Loire ist „atlantisch" geworden. Der „Nieder"-Rhein hingegen hat aus einem mir unbekannten Grund immer noch keinen Anstoß an der Nähe des „Ober"-Rheins genommen.

Ebenso kann man feststellen, dass Marne, Savoyen und das Departement Vienne sich nie durch die Existenz der Haute-Marne (obere Marne), Haute-Savoie (Hoch-Savoyen) und das Departement Haute-Vienne (Ober-Vienne) gedemütigt fühlten, was eigentlich etwas über die Rolle des Gezeichneten und des Nicht-Gezeichneten bei den Klassifizierungen und Hierarchien aussagt.

Q) Das Lexikon

Ich besitze eines der seltsamsten Lexika der Welt: es heißt *Biographisches Handbuch oder Kurzgefasstes historisches Lexikon der großen Männer von den fernsten Zeiten bis heute*; es ist von 1825 und sein Verleger ist kein anderer als Roret, der Verleger der berühmten gleichnamigen Hand- oder Lehrbücher.

Das Lexikon hat zwei Teile mit insgesamt 588 Seiten; die 288 ersten sind den 5 ersten Buchstaben gewidmet; der zweite Teil (300 Seiten) den 21 anderen Buchstaben des Alphabets. Jeder der fünf ersten Buchstaben hat Anrecht auf durchschnittlich 58 Seiten, die 21 letzten auf lediglich 14; ich weiß zwar, dass die Häufigkeit der Buchstaben ganz und gar nicht gleichmäßig verteilt ist (im *Larousse du XXe siècle* nehmen A,

B, C und D allein 2 von 6 Bänden ein), doch hier ist die Verteilung wirklich allzu ungleichgewichtig. Wenn man sie zum Beispiel mit der *Biographie universelle* von Lalanne (Paris, Dubochet, 1844) vergleicht, stellt man fest, dass der Buchstabe C bei Roret im Verhältnis dreimal mehr Platz einnimmt, A und E zweimal mehr, M, R, S, T und V hingegen kommen nur halb so oft vor.

Es wäre interessant, sich einmal näher anzusehen, welchen Einfluss diese Ungerechtigkeit auf die Beiträge genommen hat: sind sie gekürzt worden, und wie; sind sie gestrichen worden, und welche und warum? Als Beispiel möchte ich Anthemius anführen, ein Architekt aus dem 6. Jahrhundert, dem wir (zum Teil) die Hagia Sophia verdanken, er hat Anrecht auf eine Notiz von 31 Zeilen, während Vitruv nur sechs Zeilen bekommt; Anna Boleyn hat ebenfalls Anrecht auf 31 Zeilen, doch Heinrich VIII. nur auf 19.

B) Jean Tardieu

Man hat in den sechziger Jahren ein System erfunden, mit dem man die Brennweite eines Filmobjektivs kontinuierlich verändern und damit (ziemlich oberflächlich übrigens) einen Bewegungseffekt simulieren kann, ohne deshalb wirklich die Kamera verrücken zu müssen. Dieses System heißt „Zoom" und das entsprechende Verb heißt „zoomen", und obgleich es noch nicht in die Wörterbücher aufgenommen worden ist, hat es sich bei den Profis schnell durchgesetzt.

Das ist nicht immer der Fall: so gibt es zum Beispiel in den meisten Autos drei Pedale, und für jedes von ihnen ein besonderes Verb: beschleunigen, auskuppeln, bremsen; aber kein Verb entspricht (meines Wissens) der Knüppelschaltung; man muss sagen, „schalten" (ohne Knüppel), „einen anderen Gang einlegen", „in den dritten Gang gehen" usw. Ebenso gibt es ein Verb für die Schnüre (schnüren), für die Knöpfe (knöpfen), aber nicht für die Reißverschlüsse, während es im Amerikanischen eins gibt (*to zip*).

Die Amerikaner haben auch ein Verb, das soviel bedeutet wie „in den Vororten wohnen und in der Stadt arbeiten" (*to commute*), doch ebenso wenig wie wir haben sie ein Verb, das soviel bedeutet wie „gegen sechs Uhr abends an einem Regentag mit einem burgundischen Freund im Café Deux-Magots ein Glas Weißwein trinken und dabei über die Bedeutungslosigkeit der Welt reden, während du weißt, dass du gerade deinen ehemaligen Chemielehrer getroffen hast und dass neben dir eine junge Frau zu ihrer Nachbarin sagt: ‚Glaub mir, dem hab ich das Leben ganz schön sauer gemacht'!" (Jean Tardieu, „Petits problèmes et travaux pratiques" [Kleine Aufgaben und praktische Arbeiten] in *Un mot pour un autre* [Ein Wort für ein anderes], Paris, N.R.F., 1951 [„Professor Froeppel"])

J) Wie ich denke

Wie denke ich, wenn ich denke? Wie denke ich, wenn ich nicht denke? Wie denke ich gerade in diesem Augenblick, wenn ich daran denke, wie ich denke, wenn ich denke?

„Denken/Ordnen" zum Beispiel lässt mich denken an „lenken/borden" oder auch an „schwenkend horten" oder auch an „schenk'n Orden". Ist es das, was man denken nennt?

Selten kommen mir Gedanken über das unendlich Kleine oder über die Nase der Kleopatra, über die Löcher im Schweizer Käse oder über die Nietzsche-Quellen Maurice Leblancs und Joe Shusters; es gehört viel eher zur Kategorie des Gekritzels, des Knotens im Taschentuch, des Gemeinplatzes.

Aber wie bin ich eigentlich, an diese Arbeit („DENKEN/ORDNEN“) „denkend“ (über sie nachdenkend?), darauf gekommen, an das Fünf-in-eine-Reihe-Spiel zu „denken“, an Leacock, an Jules Verne, an die Eskimos, an die Weltausstellung von 1900, an die Namen, die die Straßen in London haben, an die IGAMES, an Sei Shônagon, an den *Sonntag des Lebens*, an Anthemios und an Vitruv? Die Antwort auf diese Fragen ist manchmal evident und manchmal völlig unerklärlich: man müsste von tastenden Versuchen reden, von Spürsinn, von Verdacht, von Zufall, von zufälligen oder herausgeforderten oder zufällig herausgeforderten Begegnungen:

Mäander inmitten der Wörter; ich denke nicht, sondern ich suche meine Worte: in dem Haufen muss es doch eins geben, das kommt, um diese Unschlüssigkeit, dieses Zögern, dieses Hin und Her, das später „etwas besagen möchte“, deutlich einzukreisen.

Es ist auch und vor allem eine Sache der Montage, der Verzerrung, der Verdrehung, der Umwege, des Spiegels, mit anderen Worten, der Floskel, wie der folgende Absatz nachweisen möchte.

K) Über Aphorismen

Marcel Benabou (*Un aphorisme peut en cacher un autre*, [Ein Aphorismus kann einen anderen verbergen], Bibliothèque Oulipienne, Nr. 13, 1980) hat sich eine Maschine ausgedacht, mit der Aphorismen hergestellt werden können; sie besteht aus zwei Teilen: einer Grammatik und einem Wörterbuch.

Die Grammatik fasst eine gewisse Anzahl gemeinhin in den meisten Aphorismen benutzter Floskeln zusammen; zum Beispiel:

A ist der kürzeste Weg von B nach C

A ist die Fortsetzung von B mit anderen Mitteln

Ein wenig A entfernt dich von B, viel A bringt dich ihm näher

Die kleinen A machen die großen B

A wäre nicht A wenn es nicht B wäre

Das Glück liegt in A, nicht in B

A ist eine Krankheit, deren Arznei B ist

Usw.

Das Wörterbuch fasst Paare (oder Trios oder Quartette) von Wörtern zusammen, die falsche Synonyme (Liebe/Freundschaft, Wort/Sprache), Antonyme (Leben/Tod, Form/Inhalt, Gedächtnis/Vergessen), phonetisch nahe Wörter (Glaube/Haube, Liebe/Hiebe), durch den Gebrauch zusammengeschlossene Wörter (Schuld/Sühne, Sichel/Hammer, Wissenschaft/Leben) usw. sein können.

Die Injektion des Vokabulars in die Grammatik erzeugt *ad lib.* eine fast unendliche Anzahl von Aphorismen, von denen einer mehr Sinn trägt als der andere. Inzwischen kann ein Computerprogramm, von Paul Braffort ausgedacht, auf Bestellung innerhalb weniger Sekunden ein gutes Dutzend solcher Aphorismen ausspucken:

Das Gedächtnis ist eine Krankheit, deren Arznei das Vergessen ist

Das Gedächtnis wäre nicht Gedächtnis, wenn es nicht Vergessen wäre

Was über das Gedächtnis kommt, geht durch das Vergessen fort

Die kleinen Vergessen machen die großen Gedächtnisse

Das Gedächtnis vergrößert unsere Leiden, das Vergessen unsere Freuden

Das Gedächtnis befreit vom Vergessen, aber wer wird uns vom Gedächtnis befreien?

Das Glück liegt im Vergessen, nicht im Gedächtnis

Das Glück liegt im Gedächtnis, nicht im Vergessen

Ein wenig Vergessen entfernt vom Gedächtnis, viel bringt es ihm näher

Das Vergessen vereint die Menschen, das Gedächtnis trennt sie

Das Gedächtnis betrügt uns öfter als das Vergessen

Usw.

Wo ist das *Denken*? In der Floskel? Im Wörterbuch? In der Prozedur, die sie miteinander verbindet?

W) „In einem Netz von Linien, die sich überschneiden“

Das zum „Nummerieren“ der verschiedenen Abschnitte dieses Textes benutzte Alphabet hält sich an die Reihenfolge des Auftretens der jeweiligen Buchstaben des Alphabets in der französischen Übersetzung der 7. Erzählung aus *Wenn ein Reisender in einer Winternacht* ... von Italo Calvino.

Der Titel dieser Erzählung, „In einem Netz von Linien, die sich überschneiden“, enthält dieses Alphabet bis zum dreizehnten Buchstaben, dem O. Die erste Zeile des Textes erlaubt es, bis zum 18. Buchstaben zu gehen, dem M, die zweite gibt das X, die 3. das Q, die 4. nichts, die 5. das B und das J; die vier letzten Buchstaben, K, W, Y, Z finden sich jeweils in den Zeilen 12, 26, 32 und 41 der Erzählung.

Man wird daraus leicht folgern können, dass diese Erzählung (wenigstens in ihrer französischen Übersetzung) nicht lipogrammatisch ist; man wird ebenfalls feststellen können, dass drei Buchstaben des so gebildeten Alphabets an der gleichen Stelle sind wie im sogenannten normalen Alphabet (I, Y und Z).

Y) Verschiedenes

Klassifizierung der Interjektionen nach einem (sehr mittelmäßigen) Wörterbuch der Kreuzworträtsel (Auszüge):

Der Bewunderung: OH

Des Zorns: VERFLUCHT

Der Verachtung: PAH

Dessen sich der Fuhrmann bedient, um voranzukommen: HÜ

Das Geräusch eines fallenden Körpers ausdrückend: KRACK

Das Geräusch eines Schlages ausdrückend: BUMM

Das Geräusch einer Sache ausdrückend: RITSCH RATSCH

Das Geräusch eines Falls ausdrückend: PLUMPS

Den Schrei der Bacchanten ausdrückend: HEISSA

Um seine Jagdhunde in Schwung zu bringen: FASS FASS

Eine enttäuschte Hoffnung zum Ausdruck bringend: JA PUSTEKUCHEN

Einen Fluch zum Ausdruck bringend: SAPERLOT

Einen spanischen Fluch zum Ausdruck bringend: CARAMBA

Einen Heinrich IV. vertrauten Fluch zum Ausdruck bringend: POTZTAUSEND

Einen Fluch zum Ausdruck bringend, der Zustimmung zum Ausdruck bringt: NA KLAR

Wird gebraucht, um jemanden zu verjagen: RAUS, RAUS

Z) ?

Sabine Mainberger

Tisch-Ordnungen oder Sondierungen im Nahen

Zu Essays von Georges Perec zwischen 1973 und 1982

Georges Perec gilt im deutschsprachigen Raum als Vertreter des *Ouvroir de Littérature Potentielle* (*Werkstatt für potentielle Literatur*), kurz *Oulipo* genannt, einer avantgardistischen Gruppe, die literarische Texte auf der Grundlage von Regelwerken produzierte und versuchte, Literatur und Mathematik zu verbinden. Perec gehörte der Gruppe seit 1967 an, seine Produktion hat er jedoch als eine von vier Fragestellungen oder Feldern beschrieben, auf denen er Wechselwirtschaft betrieb:

„Die erste Form der Fragestellung kann man die ‚soziologische' nennen: mit welchen Augen sieht man den Alltag; sie ist der Ausgangspunkt von Texten wie *Die Dinge, Träume von Räumen, Versuch der Beschreibung einiger Pariser Orte* sowie der Arbeit mit dem Team der Zeitschrift *Cause commune* um Jean Duvignaud und Paul Virilio; die zweite ist autobiographischer Art: *W oder die Kindheitserinnerung, Bottega oscura, Ich erinnere mich, Orte, an denen ich geschlafen habe*, usw.; die dritte, die spielerische, verweist auf meine Vorliebe für Stilzwänge, Kühnheiten, ‚Fingerübungen', auf alle Arbeiten die im Zusammenhang mit Oulipo [...] stehen, das mir die Ideen und die Möglichkeiten ihrer Umsetzung dazu geliefert hat; Palindrome, Lipogramme, Panagramme, Anagramme, Isogramme, Akrosticha, Kreuzworträtsel; die vierte schließlich betrifft das Romanhafte, die Vorliebe für Geschichten und Peripetien, die Lust, Bücher zu schreiben, die man flach auf dem Bauch liegend, im Bett verschlingt; *Das Leben Gebrauchsanweisung* ist ein typisches Beispiel hierfür."[1]

Die vier Felder überschneiden sich natürlich: Das Schreiben gemäß einem Programm à la *Oulipo* kommt auch in sogenannten soziologischen Texten und in den Romanen zum Tragen; Autobiographisches ist zumindest in Anspielungen allenthalben zu finden; die Wahrnehmung des Alltags bildet eine Dimension des Autobiographischen ebenso wie der Romane usw. Bemerkenswert ist aber auch, was in dieser Selbstpräsentation fehlt: Einen roten Faden bilden nämlich thematisch wie methodisch Fragen der Erinnerung und des Gedächtnisses, und zwar in vielen Spielarten. Eine ist die Suche nach der persönlichen Vergangenheit. Sie steht im Zeichen einer Negation: Er habe keine Kindheitserinnerungen, behauptet Perec – und schreibt ein Buch darüber, das sich in der Tat profund von allen möglichen Erzählungen über frühe Lebensjahre unterscheidet. Eine andere Variante besteht in der expliziten Wendung zum kollektiven Gedächtnis: Eine ganze Generation teilt ähnliche Erinnerungen; sie zusammenzutragen ergibt eine Art Geschichtsschreibung ‚von unten'. Eine weitere Manifestation jenes Interesses ist das obsessiv anmutende Registrieren von Ephemerem, wie etwa der ‚Versuch einer Bestandsaufnahme der flüssigen und festen Nahrungsmittel, die ich im Verlauf des Jahres neunzehnhundertvierundsiebzig hinuntergeschlungen

1 ‚Anmerkungen über das, was ich suche', (7-9) 7f.

habe'[2]. Perec hat damit einen Modus des *self account* erprobt, wie ihn heute all diejenigen pflegen, die sich freiwillig systematisch beobachten, vermessen und diese Daten ins Netz stellen. Ein Unterschied liegt freilich darin, dass sie es meist ohne jede Selbstironie tun. Zu Perecs mnemischer Kultur gehört auch das Zeugen von unbeachteten Orten und Ereignissen, wie in den Aufzeichnungen über *Ellis Island*, und noch einmal eine andere Art der Erinnerung bietet das fiktive Geschichtenarchiv im Roman *Das Leben Gebrauchsanweisung*. Nicht vergessen und nicht vergessen lassen – dieser Imperativ verleiht den Texten über das gewöhnliche Leben und ihrem objektivistischen, anonymen Duktus eine leidenschaftliche Note und treibt eine der Gegenwart und den Oberflächen der Dinge verpflichtete Produktion voran. Doch warum diese Sorge um das Festhalten und Bewahren? Stellt es nicht geradezu ein Paradox bei dem Teilhaber an einer Bewegung dar, die, wie jede experimentelle, ikonoklastisch ist? *Oulipo* respektiert keinen Kanon, eskamotiert den Autor, setzt auf Kalkül und Tüftlerintelligenz, kultiviert den Witz, pfeift auf jedes Sentiment. Sonett und Kochrezept stehen auf der gleichen Ebene. Poesie ist berechnetes Spiel mit Finten. Die Pointen liegen in den Reibungen von System und Unfall. Bei Perec aber geht zwischen den beiden Polen von geschichtsfremdem Ludismus und Erinnerungsarbeit ständig ein Wechselstrom hin und her, und dies nicht nur im autobiographischen Roman, sondern auch in den Essays. Doch lässt sich diese Beziehung anders denn als

---

2 ‚Versuch einer Bestandsaufnahme der flüssigen und festen Nahrungsmittel, die ich im Verlauf des Jahres neunzehnhundertvierundsiebzig hinuntergeschlungen habe' [1976], in: Georges Perec: *Warum gibt es keine Zigaretten beim Gemüsehändler*. Aus dem Französischen von Eugen Helmlé, Bremen: Manholt, 1991, 83-90.

idiosynkratische fassen? Wo treffen sich nicht nur zufällig Spiel und Anamnese, Experiment und Erinnerung?

Die Texte in diesem Band scheinen schwerpunktmäßig dem ‚soziologischen' Feld zuzugehören. Der früheste Titel ‚Annäherungen an was?' stammt von 1973, der späteste, ‚„Denken/Ordnen"', erschien 1982, wenige Wochen vor Perecs Tod. In den Sechzigern und Siebzigern hatten Soziologie und Ethnologie Hochkonjunktur und waren an den Universitäten Modefächer. Perec brach ein Studium der Soziologie schnell ab, unterhielt aber gleichwohl eine professionelle Beziehung zum wissenschaftlichen Sektor: Zwischen 1961 und 1978 verdiente er sich sein Geld als Archivar eines vom *Centre Nationale de la Recherche Scientifique*, der nationalen französischen Wissenschaftsförderung, finanzierten *Laboratoire de neurophysiologie médicale*, das u.a. Forschungen zu Schlaf- und Wachzuständen betrieb. Am Rande ging dergleichen in sein Schreiben ein: etwa in *Ein Mann der schläft*[3], diesen Roman von einem zeitgenössischen französischen Bartleby, oder in die Überlegungen zu physiologischen Komponenten des Lesens.[4] Vor allem aber berührte sich seine Aufgabe, das in Publikationen vorliegende Fachwissen durch Verschlagwortung systematisch zugänglich zu machen, mit seinen schriftstellerischen Interessen. Denn weniger die spezifischen Inhalte des Wissens als Fragen nach dessen Ordnung bilden die Schnittmenge zwischen Perecs Schreiben und der institutionellen Forschung. Die bibliothekarische Praxis etwa findet ihr (selbst)ironisches Seitenstück in ‚Kurze Anmerkungen über die Kunst und die Art und Weise seine Bücher zu ordnen'. Derartige Versuche, heißt es darin,

3 *Ein Mann der schläft* [1967]. Aus dem Französischen von Eugen Helmlé, zuerst Bremen: Manholt, 1988.

4 ‚Lesen: sozio-physiologischer Abriss', 14-29.

bewegten sich zwischen den Polen „individuelle[] Bürokratie“ und „zum Anarchismus neigende Gutmütigkeit“[5]. Die Tendenz zum Kontrollwahn und die zum Laissez-faire finden immer wieder sein Interesse. Denn nicht nur im Umgang mit Büchern bedarf es einer ‚Kunst‘ des Aufräumens. Die (unlösbaren) Schwierigkeiten in allen möglichen Arten von Einteilungen und Klassifikationen beschäftigen Perec am konzentriertesten in ‚„Denken/Ordnen“‘; von der Fraglichkeit beider Betätigungen zeugen dabei schon die Anführungszeichen. Gleichwohl kam an den theoretischen Diskursen des damaligen intellektuellen Frankreich wohl niemand vorbei. Soziologie, Ethnologie, Lacansche Psychoanalyse, Mikrogeschichte, Linguistik sind in Perecs Texten präsent, wenn auch nicht im Modus der Auseinandersetzung mit den seinerzeit vertretenen Thesen. Henri Lefebvre, der Historiker des Alltäglichen, der Ethnologe Marcel Mauss, Roland Barthes mit seinen Essays zu den zeitgenössischen Mythen, zu Konsum und Mode als Zeichensystemen, Paul Virilio, unter anderem Gründer und wie Perec selbst Redakteur der Zeitschrift *Cause commune*, die Situationisten mit ihren Techniken des Umherschweifens und des Umwegs – sie und viele andere mehr haben Spuren in Perecs Arbeiten hinterlassen. Nur ausnahmsweise freilich nennen diese überhaupt Namen oder Begriffe, anhand derer Berührungspunkte mit den damaligen Debatten deutlich würden. Perec lässt sich vielmehr aus jenen Bereichen Material zuspielen und bearbeitet ähnliche Themen auf eigene, nichtakademische Art. Was er unter dem Adjektiv ‚soziologisch‘ betreibt, ist der Alltags- und Mentalitätsgeschichte der *Annales*-Schule affin. Am nächsten aber steht es jener postkolonialen Spielart von Ethnologie, die sich nicht mit fremden Kulturen

5 ‚Kurze Anmerkungen über die Kunst und die Art und Weise, seine Bücher zu ordnen‘, (30-40) 36.

befasst, sondern sich als Ethnologie des ‚Nahen' der Gegenwart zuwendet. Sie studiert nicht mehr Regenbeschwörungen oder wirtschaftlich ruinöse Schenkrituale, sondern appliziert ihre Methoden auf europäisch-westliche Lebensweisen und Institutionen. Gérard Althabe etwa, der in den Sechzigern in Madagaskar geforscht hat, wird französische Stadtränder ins Visier nehmen und den Treppenaufgängen in den Mietshäusern von Saint Denis große Bedeutung beimessen. Perec, der einiges von dieser Forschungsrichtung antizipiert, stellt in *Träume von Räumen* fest: „Man denkt nicht genug an die Treppen." Und: „Man sollte lernen, mehr in den Treppenhäusern zu leben. Aber wie?"[6] Michel de Certeau wird sich Gedanken machen über die Bewohner der Metropole; in ihrem Gehen und ihrem Konsumieren wird er ‚Taktiken' entdecken, verändernde, kreative Listen einer Kunst des Handelns, des alltäglichen Improvisierens. Unter anderem wird er auch das Lesen als eine verkannte Tätigkeit beschreiben – und mit Rekurs auf Barthes' und Perecs Überlegungen dazu neu beleuchten.[7] Marc Augé wird Mitte der achtziger Jahre die Pariser U-Bahn untersuchen (ohne die Lektüre der Passagiere und Perec zu vergessen[8]) und sich in den Neunzigern Flughäfen, Einkaufszentren, Hotelketten zuwenden. In ‚Annäherungen an was?' heißt es in dem für Perec typischen Schweben zwischen Nachdenklichkeit und Nachdrücklichkeit: „Vielleicht geht es darum, endlich unsere eigene Anthropologie zu begründen: jene, die von uns sprechen wird, die in uns das suchen wird,

6 *Träume von Räumen* [1974]. Aus dem Französischen von Eugen Helmlé, Frankfurt a. M.: Fischer, 1994, 50.

7 Vgl. Michel de Certeau: *Kunst des Handelns* [1980], Berlin: Merve, 1988, 309 und 381, Anm. 27.

8 Vgl. Marc Augé: *Ein Ethnologe in der Metro* [1986], Frankfurt a. M./New York: Campus, 1997, 50.

was wir bei den andern so lange ausgeplündert haben. Nicht mehr das Exotische, sondern das Endotische."[9] Zu befragen sind in diesem Sinn „der Ziegelstein, der Beton, das Glas, unsere Tischmanieren, unsere Gerätschaften, unsere Werkzeuge, unsere Zeiteinteilung, unsere Rhythmen." Erkenntnisse darüber lassen sich mit Hilfe von systematischen Aufgaben der Deskription und des Vergleichs gewinnen: „Beschreiben Sie Ihre Straße. Beschreiben Sie eine andere Straße. Vergleichen Sie." Grundlegende Verfahren sind Inventarisierung: „Machen Sie eine Bestandsaufnahme Ihrer Taschen, Ihres Reisebeutels" –, Mikrohistorie: „Befragen Sie sich über die Herkunft, den Gebrauch und das Werden eines jeden einzelnen Gegenstands, den Sie aus ihnen hervorholen" –, Interviews: „Stellen Sie Ihrem Kaffeelöffel Fragen" –, Beobachtung, die in diesem Fall per se eine teilnehmende ist: „Wie viele Bewegungen sind notwendig, um eine Telefonnummer zu wählen? Warum?"[10]

All diese Aufforderungen und Recherchen gelten Aspekten des normalen Lebens: nicht dem Außer-, sondern dem Untergewöhnlichen oder -alltäglichen[11], dem allzu Bekannten, das eben darum der Aufmerksamkeit entgeht. Es bleibt unbemerkt, gerade weil es – wie der entwendete Brief bei Poe (und Lacan) – offen vor aller Augen liegt; es ist verborgen in der Selbstverständlichkeit. Jene Aufgaben sind daher zugleich Übungen, das normale Leben fremd zu machen und fremd sein zu lassen. Aber wenn das Unbeachtete auffällig wird,

---

9 ‚Annäherungen an was?', (10-13) 12.

10 Alle Zitate ebd., 12 f.

11 Das Cover der Nummer von *Cause commune* zu diesem Thema wählte dafür eine gegabelte Graphie:

quotidien
l'infra
ordinaire

verändert sich der Akteur. Wer sich fragt, warum es keine Zigaretten beim Gemüsehändler gibt, ist aus der „Anästhesie" erwacht, in die uns der tagtägliche Katastrophenjournalismus der Medien versetzt. Das Gegenmodell heißt, die „‚allgemeinen Dinge'", die man im Griff hat, ein wenig loslassen und ihnen die Chance geben, ihrerseits zu Akteuren zu werden, auf dass sie „reden", und zwar „von dem, was wir sind".[12] Der Perecsche Alltagsethnologe vollzieht die postkoloniale Inversion des Fragens in ihrem doppelten Sinn: Topologisch wendet er sich zum Heimischen, und funktional nimmt er einen Rollentausch vor: Das Unbemerkte wird nicht nur Objekt der Beobachtung und der Rede, sondern avanciert zum Subjekt mit eigener Initiative. Doch wie können Dinge und Bedingungen des alltäglichen Lebens das Spiel umkehren, agieren, sprechen? Die Antwort darauf geben die Schreibmodi von Perecs Vierfelderwirtschaft: Es sind all die Maßnahmen, auf der einen Seite das Autorsubjekt zugunsten von Regelwerken und textgenerierenden Prozessen zurückzunehmen, und auf der anderen Seite all die Verfahren, die Regelwerke selbst wiederum zu unterlaufen und die mechanisierten Abläufe zu durchkreuzen. Denn die Maschine und ihre listige Sabotage gehören nach den Grundsätzen von *Oulipo* zusammen, Perec aber geht über dessen Forderung nach Regel *und* Regelbruch weit hinaus. Bei ihm komplementieren einander ständig System und Skepsis. Wie alle ambitionierten modernen Schriftsteller nutzt auch er Sprache nicht nur für kommunikative Zwecke. Sein Schreiben ist Arbeit *in* der Sprache, aber gleichwohl exploriert es nicht nur die Möglichkeiten, Signifikanten zu transformieren. Die erwähnten Aufgaben richten sich auf *Praktiken* verschiedener Art: auf linguistische, epistemische,

12 ‚Annäherungen an was?', alle Zitate 11 f.

materiale, soziale, physiologische, mnemonische, organisatorische, in diesem Sinn auf unser Leben oder auf ‚Welt'. Was Perec erkundet, ist heute Gegenstand von Kulturwissenschaft, und von den Dingen als Akteuren spricht die aktuelle soziologische Theorie Bruno Latours.

Wie kein anderes Objekt bietet sich für die Suche nach ‚unserer eigenen Anthropologie' der *Tisch* an. Für die Absicht, uns in unserer ganzen unspektakulären Alltäglichkeit kennenzulernen, dürfte es kein geeigneteres Ensemble geben als dasjenige, das wir immer und immer wieder bilden: aus Tisch, Stuhl, unserem Körper, ihrem und unserem Raum. Das tägliche Essen, Reden, Arbeiten, Spielen wären ohne die stützend-tragende Ebene unter den Dingen, zwischen den Knien und den Händen, in der Erstreckung von einer Person zur anderen nicht, was sie sind. Wie viel Prozent unserer Lebenszeit verbringen wir in komfortabel zweifach geknickter Haltung, auf einem angehobenen Boden, im Verbund mit einer tragenden Fläche in gut erreichbarer Distanz? ‚Sesshaftigkeit' meint längst nicht mehr den Unterschied zum Nomadentum, denn auch das permanente Unterwegssein findet vor allem sitzend statt. ‚Welche Varianten jener Körperhaltung kennen Sie? Welche bevorzugen Sie? Welche würden Sie sich für die Zukunft wünschen?' Datenerhebungen zum *Office*-Leben bestätigen, was wir alle vermuten: zum Beispiel, dass sich Angestellte an ihrem Arbeitsplatz häuslich einzurichten versuchen und dass es dabei geschlechtsspezifische Unterschiede gibt. Überraschen mag, dass Japaner es voller und (aus westlicher Sicht) kitschiger mögen als Europäer, in jedem Fall aber haben dergleichen Untersuchungen unmittelbar praktischen Nutzen: für Möbelfirmen und Hersteller von Bürotechnik.

Perec hat dem Tisch einige Aufmerksamkeit geschenkt. Für einen professionell Schreibenden liegt das nahe, und er befindet sich damit in reicher, auch prominenter Gesellschaft: Sophie von La Roche, Goethe, Stendhal, Kafka, Virginia Woolf, Marina Zwetaeva, Gottfried Benn, Arno Schmidt, Francis Ponge, Claude Simon, Friedrich Dürrenmatt ... Viele haben dieses banale und doch so besondere Ding nicht nur eminente Be*ding*ung ihres Tuns sein lassen. Sie haben auf Journalistenfragen danach geantwortet und sich daran ablichten lassen. Tische und zumal Schreibtische sind metonymische Porträts von Schreibenden. Diese posieren daran wie einst die Gelehrten in ihrem Kabinett, wenn auch nicht mehr zwischen Karte und Armillarsphäre oder vor Klassikern in Schweinsleder und antiker Büste. Der Tisch ist für Schreibende ein unentbehrliches Objekt. Aber was heißt das nicht alles: Er ist Basis, Kreuzungspunkt von Aktivitäten, Kampfplatz, Sammlungs- und Versammlungsort, Foltergerät, Schaltzentrale, Zuflucht, Erinnerungsspeicher und Ausgrabungsstätte, Weltecke, Geliebte(r), Boot, Totenbrett, Fe-Tisch, Du, Ich.... Der Tisch ist zweifellos ein Medium, aber es dürfte keinen Medien*begriff* geben, der fähig wäre, diese und viele weitere Funktionen und Bedeutungen zu integrieren. Medientechniken und künstlerische Praktiken bereichern die Elementarfunktion der tragenden oder stützenden Fläche mit immer neuen Leistungen und immer divergenteren Konnotationen. Aktuell mutet der staksige Vierbeiner manchmal wie ein Dinosaurier an: zu unbeweglich, zu raumgreifend, und die mobilen Erzeugnisse beschleunigter technologischer Evolution scheinen ihn mit Recht zu verdrängen: Für das Notebook genügen die Knie zur Unterstützung, das iPad braucht nicht einmal sie. Kommunikation kennt kaum mehr zeitliche und räumliche Grenzen, Globalität ist fast in jedem Moment ‚zur Hand'. Doch ein Ende jenes uralten Dinges bedeutet das wohl dennoch nicht. Denn das Mensch-Tisch-Stuhl-Gefüge hat den Vorzug der anthropologischen Breite; es er-trägt auch die Müdigkeit.

Perec hat verschiedene Varianten davon studiert: imaginäre, das der eigenen täglichen Praxis, einige aus der Gegenwart des modernen Büromenschen, eines aus dessen Prähistorie. Letzteres findet sich auf einem Gemälde von Antonello da Messina von von 1474/75. Es zeigt den Heiligen Hieronymus in seinem Studierzimmer, d.h. in einem Kasten in einer großen Kathedrale in einer Landschaft, alles durch einen steinernen Bogen gesehen. Das Gemälde schachtelt Raum in Raum, staffelt Durchblick in Durchblick. Im Innersten befinden sich ein Tisch und ein Sessel, hier sitzt der Heilige mit einem Buch. Dieses bildet mit Kopf und Armen zusammen ziemlich genau in der Mitte ein Dreieck: eine Geometrie der Konzentration. Selbst der Löwe „auf der Rechten, eine Tatze erhoben, [scheint] zu zögern [...], ob er den Heiligen in seiner Arbeit stören soll.“[13] Perec hat das Bild detailliert beschrieben. Beobachten und benennen, feststellen, was da ist, es aufschreiben – das sind auch in diesem Fall die angewandten Verfahren. Absichtsvoll ausgeschlossen bleibt alles externe Wissen über das Gemälde, selbst die ikonographische Entschlüsselung der Einzelheiten fehlt, und sowieso gibt es keinerlei ästhetisches und kunsttheoretisches Räsonnement. Der Text will nichts als deskriptiv sein, eine der vielen Übungen zu sehen und zu verbalisieren. Kaffeelöffel oder Kunstwerk, das macht für diese Haltung der staunenden Sachlichkeit keinen Unterschied. Und in gewissem Sinn entspricht sie auch dem Gestus des Bildes selbst: der detailfreudigen, präzisen und gänzlich undramatischen Präsentation, der Leere, der Stille, der würdevollen Askese des Lesenden. Das Studierzimmer nennt Perec „ein Möbelstück“[14], und wenn er sich am Ende erlaubt, doch

13 ‚Der heilige Hieronymus in seinem Studierzimmer‘, (41 f.) 42.

14 Ebd., 41.

einen Schritt über das schlichte Beschreiben hinauszugehen, dann, um dessen Relation zu dem es Umgebenden zu charakterisieren: „Der ganze Raum ist um dieses *Möbelstück* herum gestaltet (und das Möbelstück wiederum ist um das Buch herum gestaltet): die eisige Architektur der Kirche [...] hebt sich auf: ihre Perspektiven und ihre Senkrechten [...] sind nur noch da, um dem Möbelstück seinen Maßstab zu geben, ihm zu ermöglichen, *sich einzuschreiben*: im Zentrum des Unbewohnbaren definiert das Möbelstück einen domestizierten Raum, den die Katzen, die Bücher und die Menschen in aller Gelassenheit bewohnen."[15] Für Antonello da Messina und seine Zeitgenossen wäre dieser „Ort eines unaussprechlichen Glaubens"[16] sicher nicht in die Kategorie des ‚Unbewohnbaren' gefallen. Diesen Titel trägt ein Abschnitt, der in *Träume von Räumen* fast unmittelbar auf den über das Gemälde folgt. Er zählt Unorte auf wie den „Schuttabladeplatz Meer, die mit Stacheldrahtverhauen überzogenen Küsten [...], die Massengräbererde [...], die verschlammten Flüsse [...], die Tausende von übereinandergetürmten Käfigen, [...], die Barackenstädte [...]".[17] Das Renaissancebild hat das Studierzimmer mit dem erhabenen Raum des *Außer*menschlichen kontrastiert. Dieses erhält in der Sequenz von Perecs Texten einen konkreten, menschengemachten Sinn: den des *Un*menschlichen, des Menschen Verachtenden. Aber von der Folie dieser Unwirtlichkeit hebt sich die Enklave des Buches und des Lesens umso eindrücklicher ab. Sie ist keine Idylle einer ‚besseren' Zeit, sondern der festgehaltene Augenblick eines sorgsamen Tuns;

15 Ebd., 42.

16 Ebd.

17 *Träume von Räumen* (s. Anm. 6), 112.

in *Träume von Räumen* steht das Studierzimmer als Beispiel für eine (immer neu zu leistende) „Eroberung des Raumes“[18].

Das Bild mit dem Gehäuse des Heiligen ist eine *mise en abyme* in einem Buch, dessen Überlegungen zum Raum von dem einer zu beschreibenden Seite aufsteigen bis zu dem der Welt. Zwei Jahre später macht Perec das Lesen zum Gegenstand einer „sozio-physiologische[n]“ Betrachtung.[19] Auch dafür hat die Ethnologie, namentlich die beschreibende von Mauss, den Weg gezeigt. Dessen Aufsatz über Körpertechniken von 1934 weist auf dieses große und fruchtbare Feld hin: Nicht nur die Art, wie wir schwimmen oder ein Arbeitsgerät benutzen, differiert von der einer anderen Generation oder einer anderen Nation. So kamen z.B. im Ersten Weltkrieg englische Soldaten mit französischen Spaten nicht zurecht, was zur Folge hatte, dass jedes Mal, wenn eine Division aus dem einen Land eine aus dem anderen an der Front ablösen sollte, 8000 Spaten ausgetauscht werden mussten.[20] Die Unterschiede beschränken sich aber nicht auf spezielle Fertigkeiten. Alles Mögliche, was wir für vollkommen natürlich und damit für universell halten – wie Essen, Schlafen, Gehen, Ruhen –, ist jeweils eine Technik, die erworben wird, sich im Körper dauerhaft sedimentiert und damit zugleich die unveränderliche Signatur einer bestimmten Gesellschaft darstellt. Eine solche unterscheidet sich nachge-

---

18 Ebd., 107.

19 ‚Lesen: sozio-physiologischer Abriss‘, 14.

20 Marcel Mauss: ‚Die Techniken des Körpers‘, in ders.: *Soziologie und Anthropologie*, Bd. 2. Aus dem Französischen von Eva Moldenhauer, Henning Ritter, Axel Schmalfuß, München, Wien: Hanser, 1975, (197-220), 201. Perec bezieht sich auf diese Stelle in ‚Betrachtungen über die Brillen‘ [1980], in: Georges Perec: *In einem Netz gekreuzter Linien*. Aus dem Französischen von Eugen Helmlé, Bremen: Manholt, 1996, (104-116) 112 f.

rade daran, wie sie dergleichen elementare Vollzüge gestaltet, von anderen. Nehmen wir z.B. das Schlafen: „Es gibt die Leute mit Matten und die Leute ohne Matten (Asien, Ozeanien, ein Teil von Amerika). – Es gibt die Leute mit Kopfkissen und die Leute ohne Kopfkissen. – Es gibt Stämme, die sich ganz eng zusammengerückt im Kreis zum Schlafen legen, um ein Feuer herum oder sogar ohne ein Feuer. [...] Schließlich gibt es auch den Schlaf im Stehen. Die Massai können stehend schlafen. [...] Es gibt den Gebrauch der Decke. Leute, die bedeckt und andere, die unbedeckt schlafen. Es gibt Hängematten und somit die Art, in der Luft schwebend zu schlafen."[21] Die Methoden zur Erschließung dieses weitläufigen Gegenstandes hat Mauss in seinem Aufsatz gleich mitvorgeführt: Beschreiben, Aufzählen und Klassifizieren. Perec pflegt diese Verfahren wie kaum ein anderer Schriftsteller. Auf den Essay von Mauss beruft er sich mehrfach ausdrücklich. Er praktiziert dessen Methoden und ergänzt dessen Themen – etwa um das des Lesens; dieses verweise uns „auf die Geschichte unseres Körpers".[22] Mitte der siebziger Jahre kann Perec damit auch an ein Modell anschließen, das sich spezifisch für die Gesten und Haltungen rund um die Kulturtechnik Schrift interessiert: an die in Frankreich entstandenen Studien zum „Wie des Schreibens, des Machens". Gleich vielen anderen Richtungen einer sich als Kritik verstehenden Literaturwissenschaft hat auch dieser Ansatz mit polemisch antihermeneutischem Gestus und dem Impetus der Entmystifizierung versucht, das Was und das Wer des Schreibens, also das Werk und den Autor, zu entthronen. An die Stelle von Exegese und Biographismus tritt das Interesse für die Bedingungen und Effekte des Schreibens: für

21 Mauss: ‚Die Techniken des Körpers' (s. Anm. 20), 212 f.

22 ‚Lesen: sozio-physiologischer Abriss', 14.

„das Schwarz auf Weiß [...], die Einschreibung, die Spur [...], die Raumorganisation des Schreibens, seine Materialien (die Feder oder de[n] Pinsel, die Schreibmaschine), seine Stützen und Träger [...], seine Regeln [...], sein Drumherum [...].“[23] Das sei bereits eine Jahrzehnte alte Forschung, behauptet Perec 1976, aber was er beschreibt, klingt noch immer ziemlich aktuell: Gegenwärtig befasst sich in Frankreich damit die aus jener Zeit stammende Textgenetik (*critique génétique*); sie untersucht Schreibprozesse um ihrer selbst willen, nicht im Hinblick auf das daraus hervorgegangene Resultat und nicht nur als Schritte hin zu einem abgeschlossenen ‚Werk‘, das als Telos und imaginäres Vollkommenes allem anderen post festum seinen (untergeordneten) Platz anweist. Im deutschsprachigen Raum boomt derzeit eine Schriftforschung, die ihrerseits anstelle der transportierten Inhalte die Sichtbarkeit der Zeichen in den Mittelpunkt stellt. Den Instrumenten der Schrift- und Textproduktion widmet sich seit langem die Medienwissenschaft, wobei sie den Akzent primär auf den Computer und seine Derivate gesetzt hat. Seit einiger Zeit aber sind – jenseits von einliniger Fortschrittsgläubigkeit – auch die ‚archaischen‘ Instrumente Papier und Stift in den Blick gerückt, und mit ihnen die Hand samt allem, was sie außer schreiben noch tut. Kritzeln und Krakeln, Zeichnen in allen Varianten, Schematisieren, Markieren und vieles andere gehören zur graphischen Betätigung. Dieses aktuelle Interesse beruft sich u.a. auf Roland Barthes. Er hat Beobachtungen zum handschriftlichen Schreiben und zur Kalligraphie angestellt und selbst Praktiken geübt, die einem graphischen Tun diesseits der Spaltung in Bild und Schrift seine Sinnlichkeit belassen oder wiedergeben. Perec seinerseits hat wie viele Oulipiens seine Texte mit Hilfe

23 Alle Zitate ebd., 15.

visueller Schemata organisiert: Listen, Tabellen, das Schachbrett mit dem Rösselsprung, der in *Das Leben Gebrauchsanweisung* die Reihenfolge der Kapitel bestimmt, und Ähnliches haben bei ihm entscheidende Funktionen. Er kennt aber auch bestens die ‚Freuden der Langeweile' (Ernst Gombrich): Wucherungen von Buchstaben, Gesichtern, Figürchen, von nichts bezeichnenden Zeichen, die aus den funktionalen der Schrift hervorgehen und sich um sie herum ansiedeln als Spuren einer aus der Konzentration entlassenen Aufmerksamkeit und einer nicht länger disziplinierten Motorik. Perec hat sich nach *Oulipo*-Prinzipien für seinen monumentalen Roman eine Maschine zum Erfinden von Geschichten konstruiert und unterwirft sich beim Schreiben diesem artifiziellen Regelwerk: Für 99 Kapitel muss er die jeweils vorgegebenen Elemente zu einer plausiblen Fiktion verarbeiten. Das sogenannte Pflichtenheft[24] zeigt, was der Romanautor an Hausaufgaben zu erledigen hat: 99 Kolumnen, jede auf einer Seite, listen die in das jeweilige Kapitel aufzunehmenden Details auf; sie sind aus vorher fixierten Beständen nach gegebenen Parametern ausgewählt und miteinander kombiniert. Aus jeder Liste aber müssen ein paar Seiten Roman hervorgehen, insgesamt über 700, eine Sklavenarbeit! Perec führt sie durch, und zwar bis zum Schluss, das Programm wird realisiert. Aber hie und da, anfangs recht spärlich, dann üppiger, wachsen um die Pflichtkolumnen herum Graphismen, beharrlich, unaufhaltsam sprießen sie wie Pilzkolonien. Es sind Manifestationen des Herumtrödelns und Abschweifens, des Zögerns, manchmal der Ratlosigkeit, jedenfalls von Pausen in einem minutiös geplanten und maschinell gestützten literarischen Verfertigungsprozess. Die

---

24 *Cahier des charges de ‚La Vie mode d'emploi'*, hg. von Hans Hartje/ Bernard Magné/Jacques Neefs, Paris: CNRS Éditions/Cadeilhan: Zulma, 1993.

von Perec erwähnten Studien zum Schreiben untersuchen alles Mögliche, der graphische Wildwuchs aber ist seinerseits ein „Brachland“[25] geblieben. Dieses bietet sich dar als ein weiterer Gegenstand für eine deskriptive Ethnologie, und zwar nicht mehr nur des Schreibens, sondern des Aufzeichnens im weitesten Sinn, der graphische Spuren hinterlassenden Aktivität in ihrer ganzen Vielfalt und Unvorhersehbarkeit. Bei Perec kommen zur material-medialen Dimension des Schreibens und Lesens die physiologische und die soziologische hinzu; heute wären es außerdem oder alternierend die kognitionswissenschaftliche, die psycholinguistische, die medien-, die wissenschaftsgeschichtliche... Die Untersuchungen haben sich ausdifferenziert, und die Methoden ändern sich; aber sie alle erkunden die dunklen Ränder eines Tuns, das nicht mehr als Domäne eines ‚dirigierenden Intellekts‘ gelten kann.

Fachwissen über das Lesen fungiert in Perecs Text auch als Trampolin zum Sprung in ganz andere Regionen: Die Physiologie hält wunderbare Wörter bereit, etwa „die kriko-arytaenoiden und die kriko-thyroiden Muskeln“[26], und die Beobachtung der Hände führt von Erinnerungen an die alte Praxis des Seitenaufschneidens über literarische Reminiszenzen zu Ideen für mögliche weitere Texte: „[H]ier würde ich nun, wäre ich Sterne, ein ganzes Kapitel zum Lob des Brieföffners einschieben“; es folgt – auch der Hymnus hat enumerative Form – eine Aufzählung verschiedener Arten von Brieföffnern. Und der Text erinnert daran, dass jene untergegangene Art des Umgangs mit Büchern einst potentielle Literatur *avant la lettre* bot, nämlich sofern der Leser den Brieföffner *nicht* benutzte. In diesem Fall konnte er die ersten acht Seiten

---

25 ‚Lesen: sozio-physiologischer Abriss‘, 14.

26 Ebd., 19.

lesen, von den acht anderen „die erste und die letzte [...] und, wenn man sie hochhob, die vierte und die fünfte"; der Text hatte derart „Lücken" [...], die Überraschungen bereiteten und gespanntes Warten auslösten."[27] Dergleichen bietet heute z.B. die Büchervorschau im Internet. Nach Murphys Gesetz hört dabei der Text immer genau an der Stelle auf, wo es spannend würde. Aber mit Hilfe der Erinnerung an jene archaische Handhabe von Papierbüchern lassen sich diese Unterbrechungen vielleicht auch in Lust am fehlenden Text verwandeln.

Mauss hat sich in seinen Überlegungen zu Körpertechniken u.a. Gedanken zum Sitzen gemacht: „Es gibt Leute, die Tische haben, und Leute, die keine haben. Der Tisch, die griechische ‚trapeza', ist weit davon entfernt, universal zu sein." Ebenso: „Sie können die hockende von der sitzenden Menschheit trennen. Und bei den einen können Sie noch zwischen den Leuten auf Bänken und den Leuten ohne Bänke und Erhöhungen, den Leuten auf Stühlen und den Leuten ohne Stühle unterscheiden."[28] Perec zitiert den Ethnologen bei den Haltungen des Lesens, und die ethnologische Perspektive erlaubt gleich noch ein Stück Kultur- und Erziehungskritik.

Perecs „sozio-physiologischer Abriss" lässt einen die Veränderungen bemerken, die die elektronischen Medien für das Lesen mit sich gebracht haben. Auch zum Beispiel in Hinsicht auf das Wo und das Wann: „Der Ort, an dem man liest, ist die Metro. Das könnte fast eine Definition sein."[29] Fast: Denn heute lesen (und schreiben) zwar so ziemlich alle in U-Bahn und Zug, aber wohl insbesondere die ein- und ausgehenden Messages, die weitaus größere Zeit gilt dem Telefonieren,

---

27 Ebd., 21.

28 Mauss: ‚Die Techniken des Körpers' (s. Anm. 20), 213.

29 ‚Lesen: sozio-physiologischer Abriss', 28.

Spielen, Filme-Anschauen, Musikhören. Die stummen, schriftgebundenen Techniken treten hinter die bildlichen und akustischen zurück, das verzögerte Kommunizieren hinter das unmittelbare. Das Lesen in kurzen Zwischenmomenten des Alltags scheint Perec ein Rückzugsposten von ausgedehnten kindlichen Lektürestunden, von Nachmittagen, „bäuchlings auf dem Bett liegend in Gesellschaft der drei Musketiere und der Kinder des Kapitän Grant"[30]. Heute verbringen Kinder ihre ungemessenen Stunden – berauschter noch als jene – im Internet. Auch Lesen, das ausgedehnte zumal, ist mitnichten ‚universal'. Variieren wir Mauss: „Es gibt die lesenden Populationen und die nicht lesenden; es gibt die mit Büchern und die ohne; es gibt die Leute, die aus der Hand lesen, und diejenigen, die auf dem Handy lesen …"

Leute ohne Tisch aber gibt es zumindest in einem Raumtyp nicht: auf der Chefetage: Den Büros von Machthabenden widmet Perec eine sozio-physiognomische Studie, d.h. einen Versuch, die Persönlichkeit der Inhaber an der Art des Tisches und seiner Umgebung zu erkennen. Der Ort der Omnipotenz, „Das Allerheiligste", existiert in zahlreichen Varianten; auch sie werden beschrieben, aufgezählt, klassifiziert. „Es gibt ernste Büros und gutmütige Büros, Büro-Laboratorien […]; Boudoir-Büros, luxuriöse Büros"[31]… Aber sie haben eines gemeinsam: Der Tisch der Generaldirektoren, Finanzmagnaten, Staatschefs, der Tisch, an dem Macht ausgeübt wird, der sie ausstrahlt und repräsentiert, ist leer. Denn alle Arbeit ist delegiert, und eigentlich ist der Schreibtisch selbst überflüssig. Er oder auch das ganze Büro der Autoritäten ist seinem Wesen nach leer. Die Leere ist das imposanteste Emblem der Macht.

---

30 Ebd., 25.

31 ‚Das Allerheiligste', (43-47) 46.

Im konkreten Fall aber gibt es freilich immer eine ganze Menge Gegenstände, von der Hightech-Ausstattung zur Kommunikation über Kunst an der Wand bis hin zum Punchingball des Jung-Dynamischen. Doch – Baudrillard lässt grüßen – diese Dinge sind alle nur Zeichen: VIPs signalisieren damit, dass sie VIPs sind. Die Büro-Physiognomik ist rein performativ. Die Profil zeigenden Objekte sind Mythen des Alltags, wie Barthes sie analysiert hat, und ebenso aggressiv tautologisch. Prima vista bilden sie den größten Gegensatz zum Tisch, auf den sich das autobiographische Fragen richtet, und zu seinem spezifischen Setting, das gleichwohl nicht ohne Beziehungen ist zum Bühnenkasten des Heiligen und zur ausgedehnten spiegelnden Fläche unter der Hand des Mächtigen.

Dieser andere Tisch, der eigene, ist der volle, ja mit Dingen überladene Tisch. Perecs persönlicher braucht diesen Zustand sogar, denn die auf Metallböcke aufgelegte Glasplatte wäre instabil. Mit seiner Transparenz, seinem provisorischen und mobilen Charakter ist er allerdings nicht nur ein Ort des Schreibens, sondern auch ein dafür paradigmatisches Objekt.

Die Arbeit an diesem Tisch findet in Gegenwart aller möglichen Dinge statt. In einem bestimmten Moment werden sie im Sinn der beschreibend-ethnologischen Methode aufgeführt und vollständig, ohne das ausweichende ‚usw.' am Ende, inventarisiert. Den Augenblick des Schreibens indiziert die in Klammern gesetzte Bemerkung zum „Denkmal der Märtyrer von Beirut" auf dem Aschenbecher: Es sind „noch nicht die aus dem Krieg, der gerade ausbricht"[32], also dem im Libanon 1975 beginnenden Bürgerkrieg. Eine andere im gleichen Jahr veröffentlichte Liste verzeichnet (mit kleinen Varianten) teils

32 ‚Anmerkungen hinsichtlich der Gegenstände, die auf meinem Schreibtisch liegen', (48-53) 48.

die nämlichen, teils andere Gegenstände. Hier sind es „ein Löschkissen, der Griff eines Dolches aus geschliffenem Stein, eine Soliflor-Vase aus englischem Metall, drei gedrechselte Holzschachteln, ein kleiner kegelstumpfförmiger Rauchverzehrer, dessen Sockel orangenfarben ist, eine dünne Sandsteinplatte mit Landschaft, eine Federschale aus Pappmaché mit Schildpattverzierungen, eine Teekanne in Form einer Katze, eine Schachtel mit 144 Rundfedern Baignol und Farjon, etc.“[33] Was auf dem Schreibtisch steht, unterliegt dem Wechsel der Beschäftigungen, den Neigungen, den Zufällen, der Zeit. Die Dinge sind darauf versammelt als mehr oder weniger ephemere Begleiter des Schreibtischnutzers, aber ihre Auswahl und ihr Dasein oder Nichtdasein unterliegen keinen klaren Kriterien. Sie bilden keine auf Entscheidungen beruhende Sammlung, sondern wechselnde Ansammlungen. Deshalb lassen sie sich nicht systematisch katalogisieren, sondern nur zu verschiedenen Zeitpunkten registrieren, und das Ergebnis sind variierende bunte Listen. Derartige Inventare aber eigneten sich, so Perec, als Instrument für den Versuch, die Geschichte einiger Dinge auf dem Arbeitstisch zu schreiben. In den ‚Anmerkungen‘ berichtet er von einem derartigen Projekt und vergleicht, was von den seinerzeit festgehaltenen Gegenständen zum aktuellen Zeitpunkt noch übrig ist. In ‚Zwölf Seitenblicke‘ wird das Vorhaben ebenfalls erwähnt, doch im Irrealis der Vergangenheit. Ähnlich wie das Fragment gebliebene Projekt *Lieux* (‚Orte‘) von 1969, in dem zwölf Jahre lang zwölf Orte in Paris nach bestimmten Regeln aufgesucht, *in situ* und aus der Erinnerung beschrieben werden sollten, hätten die registrierten Objekte etwas über ihren

33 ‚Zwölf Seitenblicke‘ [1976], in: Georges Perec: *In einem Netz gekreuzter Linien* (s. Anm. 20), (34-45), 45 [Übers. modifiziert von S.M.].

Benutzer und Chronisten gesagt; sie wären Zeugen von dessen Vorlieben gewesen. Der *Vergleich* der Inventare aber hätte etwas wie eine Archäologie der Gewohnheiten und Mechanismen ermöglicht und damit eine besondere Art der Erinnerung und der Selbstbeobachtung. Dass beide Vorhaben nicht realisiert worden sind, gehört jedoch ebenfalls zur Spezifik von Perecs autobiographischen Praktiken.[34]

Der Tisch, auf dem sich Veränderungen manifestieren, an dem Zeit und der Flux des Lebens sich zeigen, ist der volle, der überladene Tisch. Er bildet den Gegenpol zum leeren der Macht – doch nicht nur. Der persönliche, meist unordentliche hat mit dem offiziellen, aufgeräumten einiges zu tun; nicht zufällig verweisen die ‚Anmerkungen hinsichtlich der Gegenstände …' in einer ihrer vielen Parenthesen oder Anmerkungen zu den Anmerkungen auf den Mythos vom Generaldirektorentisch als Stahlfestung. Denn auch in diesem Fall überschneiden sich die verschiedenen Fragerichtungen. Die soziologische und die autobiographische gelten nicht nur komplementär wirkenden Tischen, sondern konvergieren auch auf einem einzigen. Auf diesem gibt es die Suche nach der Infra- oder Mikrohistorie mit ihren Verfahren, wechselnde Zustände zu registrieren, und, konträr dazu, den Traum von *Tabula rasa*, vom Neubeginn ohne Gedächtnis, vom ichlosen Kalkül.

Ordnen heißt Gleichheit und Ungleichheit konstituieren, Räume im wörtlichen und übertragenen Sinn einteilen, Grenzlinien ziehen, trennen. Beim Inventarisieren liegt der Akzent dagegen auf dem vollständigen Registrieren dessen, was innerhalb bestimmter Grenzen da ist, ohne zu fragen, ob es da sein muss oder da sein darf. Das Ordnen ist den

34 Vgl. unten 118.

Kategorien verpflichtet, das Inventarisieren dem kontingenten Einzelnen. Jenes ignoriert die Zeit, dieses hat in ihr seine *raison d'être*: Das Inventar hält den Bestand eines bestimmten, vorübergehenden Moments fest und bewahrt ihn auf für das Gedächtnis. Beide aber, das Fragen nach den Ordnungen und das Bemühen um Rettung vor dem Verschwinden und Vergessen, beschäftigen Perec gleichermaßen. Überlegungen wie die in „‚Denken/Ordnen'" gelten vor allem den Aporien der beiden genannten Betätigungen, ein Komplement und Pendant dazu bilden exzessive Inventare. Das Problem der Arbitrarität und Instabilität von Ordnungen manifestiert sich im Spiel mit rigiden Zwängen und ihrer unerwarteten Suspension, die Sorge um das Bewahren in phantasievollen Recherchen und extensiven Spurensicherungen. Immer wieder stößt man derart auf die Spannung zwischen Konstruktivismus und Dokumentarismus, zwischen Kalkül und dem Versuch, vom Fließen der Zeit zu zeugen, aber beides geschieht auf dem *einen* Tisch: oft in *einem* Text und immer wieder in *einem* sprachlichen Modus: in dem des Aufzählens.[35]

Seine wissenschaftliche Legitimation hat dieser nicht nur von der beschreibenden Ethnologie und seinen Nutzen nicht nur als elementare Maßnahme gegen das Vergessen. Unter vielem anderen ist er auch eine Technik des Anfangens:

---

35 Vgl. Vf.: *Die Kunst des Aufzählens. Elemente zu einer Poetik des Enumerativen*, Berlin/New York: de Gryuter, 2003, und ‚Schreibtischporträts. Zu Texten von Arno Schmidt, Georges Perec, Hermann Burger und Francis Ponge', in: Sebastian Hackenschmidt/Klaus Engelhorn (Hg.): *Möbel als Medien. Beiträge zu einer Kulturgeschichte der Dinge*, Bielefeld: transcript, 2011, 177-197.

„Zu Anfang kann man nur versuchen,
die Dinge zu benennen, eines
nach dem andern, oberflächlich,
sie aufzuzählen, sie anzuführen,
und das so banal
wie möglich
und gleichzeitig so genau
wie möglich,
und dabei versuchen
nichts zu vergessen.“[36]

Das Notat bricht die Zeilen und nähert sich derart dem Gedicht: einer metaphernlosen, nur konstatierenden Poesie in Prosa. Aber in einem wie hier von Diskontinuität geprägten Schreiben erlaubt das Aufzählen auch weiterzumachen: mit Hilfe immer wieder neuer Anfänge. Und endlich ist es auch ein Modus aufzuhören, ohne einen Schlusspunkt zu setzen. Denn ein für alle Mal fertig und unveränderlich sind nur konventionelle Sets: die sieben Wochentage, das Alphabet, die zwölf Apostel ... Aber die Lust am Aufzählen besteht eben darin, dass es uns dazu befähigt, ein Ganzes zu erreichen, und im Gegenteil dazu, weiter- und immer weiterzumachen. Vollständig aufzählen und so zu einem abgeschlossenen, befriedigenden Totum gelangen oder aber aufzählend ins Unendliche, Offene treiben sind zwei grundsätzliche Möglichkeiten des Enumerativen. Perec nennt sie „zwei widersprüchliche

36 Georges Perec/Robert Bober: *Geschichten von Ellis Island oder Wie man Amerikaner macht* [1981]. Aus dem Französischen von Eugen Helmlé, Berlin: Wagenbach, 1997, 34.

Versuchungen".[37] Er hat sich ihnen immer wieder ausgesetzt und die Literatur des 20. Jahrhunderts um zahlreiche Varianten dieses Verfahrens und unorthodoxe Überlegungen dazu bereichert.

Die Bestandsaufnahme eines Schreibtisches bietet auf den ersten Blick auch ‚Still life/Style leaf' von 1981: „Der Schreibtisch, an dem ich schreibe"[38] wird mit allen Kleinigkeiten darauf minutiös beschrieben, gewissenhafter noch, als es in den ‚Anmerkungen' geschieht. Eine geradezu besessene Genauigkeit ist hier am Werk. Sie erinnert an die Beschreibungen der Zimmer in *Das Leben Gebrauchsanweisung* – und lässt bald den Verdacht aufkommen, dass es auch bei dieser Hyperpräzision nicht mit rechten Dingen zugeht. Die Deskription scheint hier die alltagsethnologische Methode der siebziger Jahre fast zu parodieren, und das Ergebnis erinnert an den Roman des bekannten Schriftstellers Ramón Bonavena *Noronoroeste*, der in sechs Bänden die Nordnordwestecke seines Schreibtisches beschreibt. Einem Bleistift sind darin neunundzwanzig Oktavseiten gewidmet, zu einem Bleistifthalter und einem Radiergummi hat der Autor in einem Interview, geführt in seinem Arbeitszimmer im argentinischen Ezpeleta 1936, Auskunft gegeben. Die Objekte selbst seien vor jeder Umordnung fotografiert, dann aber, zum großen Bedauern seines Interviewers, vernichtet worden … Das Gespräch mit dem Romancier ist freilich ebenso fiktiv wie das Zimmer, der Roman, der Schriftsteller und der Journalist selbst. Sie alle gehören vielmehr zu einem Stück fiktiver Literaturkritik, und dessen Erfinder heißt Jorge Luis Borges. ‚Ein Nachmittag mit Ramón Bonavena' (1967) karikiert den

37 „‚Denken/Ordnen'", (63-86) 76.

38 ‚Still life/Style leaf', (54-62) 54.

beschreibungswütigen *Nouveau Roman*: In den fünfziger, sechziger Jahren triumphiert (auch literarisch) der Deskriptionismus, und der Radiergummi verweist auf Robbe-Grillets Roman *Les Gommes* von 1953. Bonavenas Opus magnum und die Geschicke der darin verbal verewigten Gegenstände ironisieren aber nicht zuletzt auch das Interesse an den persönlichen Schreiborten und -dingen, den Narzissmus von Schreibtischbeschreibern ebenso wie den Voyeurismus und Fetischismus begeisterter Leser.

Der ehemalige Juweliertisch mit den zahlreichen Gegenständen darauf besteht nur aus Wörtern, seine scheinbar Geschichten bergende Fülle ist ein *trompe l'œil* des Lesens. Das Zentrum des Tisches bildet ein Spiegel aus Papier: ein eng beschriebenes Blatt, „auf dem man lesen kann: Der Schreibtisch, an dem ich schreibe, ist ein ehemaliger Juweliertisch …"[39] Die Konstruktion scheint damit klar: eine *mise en abyme* wie in Perecs kleinem Roman *Ein Kunstkabinett. Geschichte eines Gemäldes*,[40] das eine Galerie voller Bilder zeigt, mit dem Sammler davor, der sie betrachtet, und auf einem Gemälde eine Galerie voller Bilder, mit dem Sammler davor usw. Das Prinzip scheint so evident, dass der Perec-Übersetzer Eugen Helmlé als zweiten Teil von ‚Still life/Style leaf' einfach den ersten wiederholt. Doch damit hat er zumindest eine Variante geschaffen. Denn im französischen Original verdoppelt der Text auf dem Blatt Papier nicht nur, die Tischbeschreibung in der Tischbeschreibung ist vielmehr eine Wiederholung mit Differenz: Über vierzig Abweichungen gibt es zwischen den

39 Ebd., 58.

40 *Ein Kunstkabinett. Geschichte eines Gemäldes* [1979], deutsch von Eugen Helmlé, zuerst: München: Hanser, 1989.

beiden.[41] Die revidierte Übersetzung in diesem Band möchte deutschen Lesern und Leserinnen das Vergnügen der Suche nicht länger vorenthalten und versucht, dem listigen ‚Spiegelbild' Rechnung zu tragen. Nur zwei Abweichungen seien genannt: Im ersten Teil ergibt die Anzeige der Zahl 315308, die das Display des Taschenrechners zeigt, auf den Kopf gestellt das Wort BOESIE. Im zweiten Teil aber heißt die Zahl 35079, und das ergibt mit der gleichen umgekehrten Leserichtung das Wort GLOSE: Die eine Beschreibung ist also etwas wie Poesie, die andere ihre Glosse, eine Art Kommentar. Kein Wunder demnach, dass die zwei Textteile einander wie Zwillinge ähneln, aber nicht identisch sind. Und weiter: In der ersten Beschreibung zeigt der elektronische Quarzwecker „AM 10:18", in der zweiten „PM 12:50". Wie bei der Bestandsaufnahme der Objekte auf dem Schreibtisch wird hier offenbar versprochen, treulich Rechenschaft abzulegen von einem bestimmten Augenblick. Doch auch das täuscht: Der im zweiten Teil beschriebene Zustand des Tisches müsste ein früherer sein – auf das Blatt wurde geschrieben, bevor es selbst Teil der Beschreibung werden konnte –, der Zustand ist jedoch ein späterer. (Im Aschenbecher sind zwei Zigarillo-Kippen mehr!) Welches Blatt wäre das ‚Original', welches die ‚Kopie'? Die Zeit selbst geht hier rückwärts – wie das Lesen auf dem umgedrehten Taschenrechner.

An dem Tisch von ‚Still life/Style leaf' kann niemand sitzen. Die Dinge auf ihm werden vom erhöhten Rand nicht aufgehalten, denn in all ihrer deskriptiven Überfülle sind sie im Sog des Paralogischen und gleiten ins Nichts; der Tisch aus Worten ist auf seine Weise ein ‚Nicht-Ort'. Perec hat diesen

41 Vgl. Anita Miller: *Georges Perec. Zwischen Anamnese und Struktur*, Bonn: Romanistischer Verlag, 1996, 271-277.

Ausdruck gebraucht – in anderem Sinn als de Certeau und ganz in dem späteren von Augé – für die unbewohnbare Lokalität Ellis Island: Die Manhattan vorgelagerte Insel und Landestelle für die Überseedampfer war nicht mehr die alte Heimat und noch nicht die neue, sondern eine Verlängerung des Schiffs, ein *non-lieu* wie heute die Airport-Terminals, ein Nullpunkt der Reise. Bei seinem Durchschreiten wurde aus der Emigration Immigration. Hier erhielten Einwanderer eine neue Identität. Hier wechselten sie ihre Namen: Aus dem polnischen Kowalski wurde Smith – sofern alles gut ging: wenn die ärztlichen Überprüfungen überstanden waren, die Befragungen oder gar die ‚Sonderkontrollen' an eigens dafür vorgesehenen amtlichen Schreibtischen. Hier wandelte sich Herumirren in Hoffnung – oder umgekehrt: Ellis Island hieß auch ‚Träneninsel'.

Ort und Nicht-Ort: Ort des Wohnens, Lesens, Schreibens, Erinnerns, Nicht-Ort der Machtausübung, der unwiderruflichen Entscheidung, des Verschwindens der Dinge, des Kollaps von Raum, Zeit, Identität: Der Tisch kann beides sein, und er kann oszillieren zwischen Stillleben und Stilblatt, Ort und W-ort.

Der Ausdruck ‚Nicht-Ort' ist durch die Arbeiten von Augé zum unentbehrlichen Bestandteil aktueller Raumtheorie avanciert; der Ethnologe zählt dazu u.a. Durchgangslager für Flüchtlinge. Perec verbindet die Bezeichnung *non-lieu* mit der Auswanderungsgeschichte, und das nicht zufällig, war er doch selbst das Kind polnisch-jüdischer Eltern in Frankreich. Sein Vater fiel 1940, seine Mutter starb in Auschwitz. Der kleine Georges entkam der Deportation 1941 mit einem Rot-Kreuz-Transport in die ‚freie Zone' nach Villard-de-Lans in der Nähe von Grenoble und wuchs bei Verwandten auf. Immer wieder kreisen Perecs Texte um diesen Verlust und die Notate zu Ellis Island explizit um die Kontingenz, als Jude überhaupt zu existieren, um das Was und Wie jüdischer Identität, um Ort und Nicht-Ort in allem möglichen Sinn. An diesem Fragen haben auch ludische Verfahren ihren Anteil, nicht zuletzt *La Disparition*, der lipogrammatische Roman ohne den Buchstaben ‚e'.[42] Dieses Virtuosenstück arbeitet mit einer extremen, das Französische geradezu untergrabenden *contrainte*, denn die Vermeidung des ‚e', des häufigsten Buchstabens dieser Sprache, beschneidet nicht nur extrem das Vokabular, sondern greift tief in die Grammatik ein: Die Regel verbietet den Gebrauch so ubiquitärer Wörter wie der Konjunktion *et*, des Verbs *être* in bestimmten Formen, der Artikel *le*, *les*, der Personal- und Possessivpronomina, z.B. *elle*, *ses*, des Partizips Perfekt schwacher Verben (*il ha mangé*, *couché*...), der weiblichen Adjektivendungen (*grande*, *haute*) u.v.a.m. Französisch ohne ‚e' ist wie Klavierspielen mit drei Fingern weniger: eine schmerzhafte Verstümmelung auf der Ebene der Sprache, und eine solche zeugt, wovon auch immer sie spricht, von einer Katastrophe. Oder sie ist selbst schon ein Zeichen der Trauer: In Kapitel 25 von *Das Leben Gebrauchsanweisung* wird die Geschichte eines Malinowski-Schülers erzählt, der im Auftrag von Mauss eine Studie über einen Stamm auf Sumatra anfertigen soll. Dessen Sprache enthält auffallend wenige Wörter, und der fiktive Ethnologe fragt sich, ob sie „nicht in der Art ihrer fernen Nachbarn, der Papuas, ihren Wortschatz freiwillig verarmen ließen, indem sie jedesmal, wenn es im Dorf einen Toten gab, Wörter tilgten."[43] Der Romantext ohne ‚e' steht zur verlorenen Mutter aber auch noch in konkreterer Beziehung: Das amtliche Dokument, das die französischen

---

42 *Anton Foyls Fortgang* [1969]. Aus dem Französischen von Eugen Helmlé, zuerst Frankfurt/M.: Zweitausendeins, 1986.

43 *Das Leben Gebrauchsanweisung. Romane* [1978]. Deutsch von Eugen Helmlé, Frankfurt a. M.: Zweitausendeins, 1982, 184.

Behörden 1947 über sie ausstellten, ist eine Vermissten-Urkunde, auf Französisch *Acte de disparition.* Es verzeichnet die Festnahme im Januar 1943, die Internierung in Drancy und die Deportation im Februar nach Auschwitz. Zu lesen ist auf dem Schriftstück: „PEREC née Szulewizc Cyrla, né le 20 Août à Varsovie 1913 ...“[44], und zwar tatsächlich so: *né* statt *née.* In der zweiten Rede von ihrem Geborensein fehlt ein ‚e‘!

Von den historischen Ereignissen her gewinnt alles Spielen bei Perec ein anderes oder überhaupt erst Profil. Autobiographische Andeutungen sind in den Texten verstreut und in kleinen, manchmal kleinsten Details gleichsam kryptographiert zu finden. Bernard Magné, einer der größten Perec-Kenner, hat sogenannte Autobiographeme aufgezeigt, die Form und/oder Ausdruck der Texte generieren: Eines davon ist das *Fehlen* von etwas, ein Textgenerator, der nicht nur Lipogramme erzeugt; bei der Verfertigung von *Das Leben Gebrauchsanweisung* z.B. ist es einer von zwei besonderen, zusätzlichen Formzwängen; in *W oder die Kindheitserinnerung* trennt und verbindet die zwei Teile des Buches das Zeichen ‚(...)‘. Ein anderes Autobiographem ist die bilaterale Symmetrie; in deren Gefolge steht die Vertauschung von rechts und links. Der heilige Hieronymus auf dem Bild von Antonello da Messina z.B. „hat die Finger in die Seiten des Buches geschoben, [...] als müsse er sich oft auf frühere Abschnitte seiner Lektüre beziehen“,[45] mithin, als blättere er Seiten des Buches von rechts nach links um. Der Übersetzer des Alten Testaments mag einen hebräischen Text vor sich haben: Er liest in der eisigen Kälte, inmitten des ‚Unbewohnbaren‘, in einem Moment, da der Löwe

44 Vgl. Abbildung 12 in David Bellos: *Georges Perec: A Life in Words*, Hammersmith, London: Harvill, 1993.

45 ‚Der heilige Hieronymus in seinem Studierzimmer‘, 41.

auf der Rechten (noch) still hält,[46] in der Nähe der Un- und Nicht-Orte – all dies nimmt Bedeutungen an, die über das traditionelle Bild des Gelehrten im Gehäuse hinausgehen. Das *Fehlen* der Kindheitserinnerungen komplementieren die Anstrengungen gegen das Vergessen, und seien diese noch so trivial wie die Registrierung der in einem Jahr konsumierten Nahrungsmittel. Wo sich das Verschwinden eines Wortes oder das Tilgen eines Buchstabens mit dem Tod liiert, sind Letternspiele sowie akribisches Verzeichnen von alltäglichen Dingen und ihr minutiöses Beschreiben von denkbar größtem Ernst. Dokumentationen, Inventare und ihre Vergleiche führen indes nicht zur Selbstgewissheit aus Daten. Ellis Island ist kein Ort von Perecs Lebensgeschichte, sondern der eines *potentiellen* Gedächtnisses, einer *möglichen* Autobiographie. Denn der Jude Georges Perec hätte wie die Einwanderer dort an diversen Orten geboren werden können – „j'aurais pu naître […] à Haïfa, à Baltimore, à Vancouver" –, nicht aber im Land seiner Vorfahren, z.B. „à Varsovie".[47] Dass verschiedene autobiographische Projekte nur als abgebrochene oder unausgeführte existieren, fügt sich in diese Problematik. Nicht zuletzt erweisen sich auch die Instabilität, das Kontingente, nie zu Rechtfertigende und in diesem Sinn Undenkbare von Ordnungen, das die kleinen Texte von ‚„Denken/Ordnen"' umkreisen, als weit mehr denn Kuriosa. Für den Nachkommen eines Opfers der Shoah bildet der Zufall den Ungrund des eigenen Lebens. Und sich willkürlichen Setzungen zu

---

46 Vgl. Bernard Magné: ‚Saint Jérôme mode d'emploi', in: *Cahiers Georges Perec 6, L'œil d'abord… Georges Perec et la peinture*, Paris: Éditions du Seuil, 1996, 91-112.

47 Georges Perec: *Ellis Island*, Paris: P.O.L., 1995 [Ausgabe ohne Bilder und Interviews], 59; vgl. *Geschichten von Ellis Island…* (s. Anm. 36), 46.

unterwerfen, die das Schreiben tyrannisieren bis zur Austreibung aus der Gemeinsprache, erscheint auf dieser Folie wie eine Art Mimikry. Der Formzwang erzeugt Kreativität – nach diesem Prinzip funktioniert *Oulipo*. Im Fall Perecs hatten die *contraintes* diese Wirkung, aber das Umschlagen von Knebelung des Schreibens in Freisetzung – diese Wende, die immer wieder am Ort und Nicht-Ort Schreibtisch stattfinden soll – impliziert weit mehr als das Befolgen selbst auferlegter Vorgaben. Über das „‚Nummerieren‘“ der einzelnen Abschnitte von „‚Denken/Ordnen‘“ gibt dessen drittletzter Abschnitt Auskunft: Die Reihenfolge der Buchstaben ist weder begründet gewählt noch spontan hergestellt, sondern resultiert aus einer ihrerseits arbiträren Entscheidung: Die Sequenz „hält sich an die Reihenfolge des Auftretens der jeweiligen Buchstaben des Alphabets in der französischen Übersetzung der 7. Erzählung aus *Wenn ein Reisender in einer Winternacht* ... von Italo Calvino.“[48] Der Zufall dieser Regel will es, dass u.a. die Buchstaben Y und Z „an der gleichen Stelle sind wie im sogenannten normalen Alphabet“[49], also die letzten zwei Abschnitte beziffern. Der gleiche Zufall will es aber auch, dass die Information zur Ordnung der Abschnitte ausgerechnet den Buchstaben trägt, den in Perecs Œuvre Konnotationen geradezu überfrachten: den Buchstaben ‚W‘.

Perec verzichtet ausdrücklich darauf, dem mit der Relation von Denken und Ordnen aufgeworfenen Problemen auf diskursive Weise Herr werden zu wollen. Wer es doch versuchen will, kann sich dieses Panorama von Überlegungen und Varianten des Scheiterns zum Modell nehmen – und zur Warnung. Denn ohne ein bestimmtes Wissensfeld einzugrenzen

48 „‚Denken/Ordnen‘“, 84.

49 Ebd., 85.

– etwa ‚die Ordnung des Wissens über xy in der Geschichte von … bis ….‘ oder ‚die Klassifikationen der Tiere in der Sprache der Soundso‘ –, ohne einen Objektbereich, eine Methode, eine Disziplin, eine Zeit oder was immer an Limitationen vorzugeben, kurz: ohne schon einer Ordnung des Denkens zu folgen, markiert der Schrägstrich zwischen den beiden Verben ein unauflösliches Rätsel. Eine Begrenzung zu ziehen wäre nötig, damit das Begrenzen selbst in den Blick gelangen kann: Ein Terrain aus dem Unendlichen müsste man ausschneiden, eine Ebene, einen Tisch herstellen, einen Foucaultschen Operationstisch, einen Seziertisch à la Ponge. Die einzelnen Texte von ‚„Denken/Ordnen"‘ sind so etwas: Felder für Improvisationen und Variationen über ein Thema, und jedes Mal wird ein neues Feld umzogen, ein anderer Tisch aufgebaut. ‚Denken‘ und ‚Ordnen‘ erscheinen selten so fragil, so fluid – und die Mühe damit selten so selbstironisch. Dadurch unterscheiden sich die lose versammelten Überlegungen von Soziologie, Ethnologie, Linguistik, Philosophie, Epistemologie, auf deren Gebieten Perec hier erneut wildert; seine Ausführungen kehren der Theorie den Rücken. Der Entschluss, „diesen formlosen Bruchstücken ihren zögernden und ratlosen Charakter zu erhalten", mag – in seinen eigenen Worten – eine „Ausrede" sein, aber vielleicht bedeutet es auch, „darauf hinzuweisen, dass die Frage [nach dem Denken/ Ordnen] eben ohne Antwort ist, das heißt, den Gedanken auf das ihn begründende Ungedachte zurückzuverweisen".[50] Ein derartiges ‚Zurückverweisen‘ geschieht im (literarischen) Schreiben, und nicht zuletzt sind die Aporien der Klassifikation dessen Triumph.

50 Ebd., 64 f.

Das Schreiben hat eine nonchalante Bestimmung in dem Diktum „ich denke nicht, sondern ich suche meine Worte"[51]. Perec macht aber auch weniger lässige Aussagen darüber. Am Ende der Texte über Arten des Raums stellt er es explizit in den Dienst des Erinnerns und zugleich in den eines elementaren Ordnens, das Struktur überhaupt erst ermöglicht: „Schreiben: peinlich genau versuchen, etwas überleben zu lassen: der Leere, die sich höhlt, einige deutliche Fetzen entreißen, irgendwo eine Furche, eine Spur, ein Merkmal oder ein paar Zeichen hinterlassen."[52]

---

51 Ebd., 82.

52 *Träume von Räumen* (s. Anm. 6), 115.

Verzeichnis der Texte

Im Folgenden werden die deutschen Übersetzungen in alphabetischer Reihenfolge genannt, danach Originaltitel, Ort und Datum der Erstveröffentlichung. Sofern nicht mit dieser identisch, folgt dann die französische Ausgabe, nach der die Übersetzungen hier kontrolliert wurden. Am Ende steht die deutsche Ausgabe, aus der die Übersetzungen übernommen wurden. Die deutschen Übersetzungen stammen von Eugen Helmlé, wurden für diesen Band aber von Esther von der Osten durchgesehen und geringfügig verändert. Es handelt sich dabei nahezu ausschließlich um Wortänderungen zugunsten einer größeren Nähe zu den Originaltexten. Die meisten Modifikationen gibt es in ‚Still life/Style leaf'. In den anderen Texten wurden nur an wenigen Stellen Wörter ausgetauscht. Darüber hinaus wurden die Texte an die neue deutsche Rechtschreibung angeglichen. Beibehalten wurde indes die Kleinschreibung nach dem Doppelpunkt, auch bei Hauptsätzen, und die Zusammenschreibung einiger zusammengesetzter Verben, die nach der neuen deutschen Rechtschreibung getrennt werden müssten. Die Fußnoten wurden aus den Übersetzungen Helmlés übernommen.

Das Allerheiligste; Le Saint des Saints, unter dem Titel ‚Ces bureaux qui révèlent votre personnalité' in: Vogue/Hommes 42 (1981), 94, 98, 102; *l'infra-ordinaire*, Paris: Éditions du Seuil, 1989, 89-95; *Warum gibt es keine Zigaretten beim Gemüsehändler*, Bremen: Manholt, 1991, 77-82.

Anmerkungen hinsichtlich der Gegenstände, die auf meinem Schreibtisch liegen; Notes concernant les objets qui sont sur ma table de travail, in: Les Nouvelles littéraires 2521 (26. Februar 1976), 17 ff.; *Penser/Classer*, Paris: Hachette, 1985, 17-23; *In einem Netz gekreuzter Linien*, Bremen: Manholt, 1996, 15-20.

Anmerkungen über das, was ich suche; Notes sur ce que je cherche, in: Le Figaro, 8. Dezember 1978, 28; *Penser/Classer*, Paris: Hachette, 1985, 9-12; *In einem Netz gekreuzter Linien*, Bremen: Manholt, 1996, 9-11.

Annäherungen an was? Approches de quoi? in: Cause commune 5 (1973), 3-4; *l'infra-ordinaire*, Paris: Éditions du Seuil, 1989, 9-13; *Warum gibt es keine Zigaretten beim Gemüsehändler*, Bremen: Manholt, 1991, 7-10.

„Denken/Ordnen"; „Penser/Classer", in: Le Genre humain 2 (1982) 111-127, *Penser/Classer*, Paris: Hachette, 1985, 151-177; *In einem Netz gekreuzter Linien*, Bremen: Manholt, 1996, 117-137.

Der heilige Hieronymus in seinem Studierzimmer; Saint Jérôme dans son cabinet de travail, in: *Espèces d'espaces*, Paris: Éditions Galilée, 1974, 117-118; *Träume von Räumen*, Frankfurt a. M.: Fischer, 1994, 108-110.

Kurze Anmerkungen über die Kunst und die Art und Weise seine Bücher zu ordnen; Notes brèves sur l'art et la manière de ranger ses livres, in: L'Humidité 25 (1978), 35-38; *Penser/Classer*, Paris: Hachette, 1985, 31-42; *In einem Netz gekreuzter Linien*, Bremen: Manholt, 1996, 25-33.

Lesen: sozio-physiologischer Abriss; Lire: esquisse-socio-physiologique, in: Esprit 1 (1976), 9-20; *Penser/Classer*, Paris: Hachette, 1985, 109-128; *In einem Netz gekreuzter Linien*, Bremen: Manholt, 1996, 87-101.

Still life/Style leaf, in: Le Fou parle 19 (1981), 3-6; *l'infra-ordinaire*, Paris: Éditions du Seuil, 1989, 107-119; *Warum gibt es keine Zigaretten beim Gemüsehändler*, Bremen: Manholt, 1991, 92-102. Übersetzung für diesen Band modifiziert von Esther von der Osten.

„Ich möchte in DEN TISCH nur das aufnehmen, was mir natürlicherweise vom Tisch kommt, die Idee des Tisches will ich verjagen.“

Francis Ponge

Aus dem Französischen übersetzt und mit einem Nachwort versehen von Walter Seitter.
Herausgegeben von Sebastian Hackenschmidt und Klaus Engelhorn.
80 Seiten, brosch., ISBN: 978-3-85415-474-7

bm:uk

LAND KÄRNTEN
Kultur